LERM/LAMBIASE

Einsatzrecht kompakt – Sachverhaltsbeurteilung für die Grundausbildung

Einsatzrecht kompakt – Sachverhaltsbeurteilung für die Grundausbildung

Zwischenprüfung erfolgreich bestehen

Patrick Lerm
Polizeihauptkommissar
Dozent am Bundespolizeiaus- und
-fortbildungszentrum Bamberg

Dominik Lambiase, M. A.
Polizeihauptkommissar

3. Auflage, 2022

BOORBERG

Bibliografische Information der Deutschen Nationalbibliothek | Die Deutsche Nationalbibliothek verzeichnet diese Publikation in der Deutschen Nationalbibliografie; detaillierte bibliografische Daten sind im Internet über www.dnb.de abrufbar.

3. Auflage, 2022
ISBN 978-3-415-07183-4

Titelfoto: © Spitzi-Foto – stock.adobe.com | Satz: abavo GmbH, Nebelhornstraße 8, 86807 Buchloe | Druck und Bindung: Medienhaus Plump GmbH, Rolandsecker Weg 33, 53619 Rheinbreitbach

Richard Boorberg Verlag GmbH & Co KG | Scharrstraße 2 | 70563 Stuttgart
Stuttgart | München | Hannover | Berlin | Weimar | Dresden
www.boorberg.de

Inhaltsverzeichnis

Einführung

Diese „kleine“ Hilfestellung bei der Sachverhaltsbeurteilung hat das primäre Ziel, den Polizeimeisteranwärter[1] des mittleren Polizeivollzugsdienstes in der Bundespolizei (BPOL) in die Lage zu versetzen, die Zwischenprüfung im Fach Einsatzrecht am Ende des 1. Dienstjahres mit Erfolg zu bestehen. Die Fallbearbeitung ist eine Herausforderung, insbesondere zu Beginn der Ausbildung. Von daher wurde der Versuch unternommen, anhand von kurzen Sachverhalten aus der bundespolizeilichen Aufgabenwahrnehmung, ausgewählte Befugnisse[2] und Straftaten darzustellen.

Bei der eigentlichen Subsumtion bestehen (erfahrungsgemäß) die größten Probleme. Deshalb werden – an geeigneter Stelle – *Hilfsfragen* formuliert, durch die der Auszubildende in die Lage versetzt werden soll, jeden Sachverhalt (selbstständig) durch die Beantwortung jener Fragen möglichst umfangreich beantworten zu können. Das Konstrukt der (gedanklichen) *Hilfsfragen* ist – soweit ersichtlich – eine Lücke in der bestehenden Literatur zum bundespolizeilichen Einsatzrecht, insbesondere im Bereich der Ausbildung des mittleren Polizeivollzugsdienstes.

Die Darstellung erfolgt durch kurze Sachverhalte, denen sich ein Gesetzesauszug anschließt. Danach werden die einzelnen Voraussetzungen bzw. Tatbestandsmerkmale definiert. Unmittelbar bei den Definitionen sind die o. g. *Hilfsfragen* angesiedelt. Im jeweils letzten Schritt befindet sich ein Formulierungsvorschlag.

---

1 Soweit Personen- und Funktionsbezeichnungen aus Gründen der Lesbarkeit nur in der männlichen Form verwendet werden, gelten sie gleichermaßen auch für Frauen.

2 Andere Bezeichnungen sind Rechtsgrundlagen oder Ermächtigungsgrundlagen.

Vorwort zur 2. Auflage:

Die positiven Rückmeldungen zur 1. Auflage haben uns dazu bewegt, die einzelnen (schon bestehenden) Sachverhalte um die Entscheidung, die Zuständigkeit, die Adressatenregelung sowie die Verhältnismäßigkeitsprüfung zu erweitern.

Weiterhin sind folgende Sachverhalte noch hinzugekommen:
- *Sachverhalt zu § 23 I Nr. 1 BPolG (IDF zur Abwehr einer 3-stufigen Polizeigefahr)*
- *Sachverhalte zu §§ 113, 114 StGB (Widerstandsdelikte)*

Ganz neu hinzugefügt wurde das Kapitel 1, in dem es um die Prüfungsschemata sowie die (wichtige) Entscheidung zu präventivem bzw. repressivem Handeln geht.

Bamberg, Februar 2020 *Die Verfasser*

Vorwort zur 3. Auflage

Als Neuerung finden Sie bei einigen Themen (Befugnissen und Straftaten) einen QR-Code. Dieser verweist auf ein zur Frage passendes Lernvideo, welches auf dem YouTube-Kanal ***So geht Einsatzrecht!*** veröffentlich ist. Dieser Kanal wird von PHK Lerm betrieben.

QR-Code YouTube-Kanal:
https://www.youtube.com/results?search_query=so+geht+einsatzrecht

Durch Verwenden der QR-Codes werden Sie auf eine Seite weitergeleitet, für deren Inhalte ausschließlich PHK Lerm verantwortlich ist.

Der YouTube-Kanal ***So geht Einsatzrecht!*** ist entstanden, um jede Anwärterin und jeden Anwärter in die Lage zu versetzen, zeit- und ortsunabhängig zu lernen. Dies ist gerade in Zeiten der Pandemielage von großer Bedeutung.

Die dort befindlichen Lernvideos dienen der Unterstützung des Lernprozesses und sollen die Lücke ***zwischen analogem und digitalem Lernen schließen.*** Die Videos haben ausdrücklich nicht das Ziel, den Unterricht zu ersetzen, sondern unterstützen und ergänzen diesen.

Weiterhin wurde ein Sachverhalt zum Platzverweis (§ 38 BPolG) aufgenommen.

Wir hoffen, dass dieses Werk vielen Auszubildenden den Zugang zur Materie des Einsatzrechts erleichtert, und freuen uns auf Hinweise, Anregungen und Kritik, die zu einer Verbesserung beitragen. **Leider lassen sich kleinere Fehler (auch nach mehrmaligen Durchschauen) nicht ganz vermeiden.** Richten Sie deshalb Ihre Verbesserungsvorschläge an einsatzrecht@web.de.

Bamberg, Dezember 2021

Patrick Lerm *Dominik Lambiase*

Kapitel 1 Grundsätze der Fallbearbeitung

1. Die Schemata

Im Verlauf der Unterrichtungen des 1. Dienstjahres werden im Einsatzrecht zwei Prüfschemata relevant: Zum einen das Schema für die rechtliche Begründung von Eingriffsmaßnahmen (Arbeitsbegriff: Maßnahmenschema) und zum anderen das Schema zur Prüfung von Straftaten.

Diese Unterscheidung ist wichtig, weil:

- Ist nach der Rechtmäßigkeit einer Maßnahme gefragt, ist folgerichtig das Maßnahmenschema zu wählen.
- Ist danach gefragt, ob sich die Person strafbar gemacht hat, ist folgerichtig das Strafbarkeitsschema zu wählen.

Lernvideo zum Maßnahmenschema:

https://www.youtube.com/watch?v=2_im0IAzJyc&t=143s

Lernvideo zum Strafbarkeitsschema:

https://www.youtube.com/watch?v=YYYGHkA-8B8&t=35s

Der Prüfungspunkt 4 des Maßnahmenschemas (Zwang) wird in diesem Buch nicht erläutert, da die Darstellung den Rahmen sprengen würde und zudem recht unübersichtlich wäre. Ausführungen zum Zwang sind enthalten in *Lerm/Lambiase, Einsatzrecht kompakt – Fälle zum Recht des unmittelbaren Zwanges*, erschienen im RICHARD BOORBERG VERLAG. Darüber hinaus finden Sie im o. g. YouTube-Kanal Lernvideos zum Zwangsrecht.

Merke:

Eingriffsmaßnahmen berechtigten die Polizeivollzugsbeamten, in die Rechte von Bürgern einzugreifen[3]. Im 1. Dienstjahr werden primär die präventiven Standardmaßnahmen aus dem Bundespolizeigesetz (BPolG) und die repressiven aus der Strafprozessordnung (StPO) behandelt.

Eingriffsmaßnahmen

präventiv (d. h. zur Gefahrenabwehr)	repressiv (d. h. zur Strafverfolgung)
Maßnahme aus dem BPolG	Maßnahme aus der StPO

3 Gemäß dem Grundsatz des Vorbehalts des Gesetzes, Art. 20 III Grundgesetz.

Schema für die rechtliche Begründung von Eingriffsmaßnahmen[4]

1. **Entscheidung**
1.1 Entscheidung zu präventivem oder repressivem Handeln
1.2 Benennung der zu treffenden Maßnahme
2. **Zuständigkeit**
2.1 Sachliche Zuständigkeit
2.2 Örtliche Zuständigkeit
3. **Eingriff**
3.1 Befugnisnorm
3.2 Adressat
3.3 Allgemeine Rechtmäßigkeitsvoraussetzungen
   - Verhältnismäßigkeit
     ggf.: Bestimmtheit/Möglichkeit
3.4 Besondere gesetzliche Pflichten/Formvorschriften
3.5 Feststellung der Rechtmäßigkeit der Maßnahme
4. **Zwang**
4.1 Benennung der Art des Zwanges
4.2 Zulässigkeit der Vollstreckung
4.3 Adressat des Zwanges
4.4 Zur Anwendung unmittelbaren Zwanges berechtigte Personen
4.5 Besondere Vorschriften
   - Androhung
   - Besondere Anforderungen
4.6 Allgemeine Rechtmäßigkeitsvoraussetzungen
   - Verhältnismäßigkeit
     ggf.: Bestimmtheit/Möglichkeit
4.7 Feststellung der Rechtmäßigkeit der zwangsweisen Durchsetzung dieser Maßnahme

4 Diese werden auch als Befugnisse bezeichnet.

Schema für die Prüfung von Straftaten

Einleitender Obersatz:
Dieser besteht aus der konkreten Tathandlung und der exakten Strafnorm aus dem Strafgesetzbuch (StGB). Die Formulierung erfolgt im Konjunktiv (Möglichkeitsform).

1. **Tatbestand**
   - Prüfung aller Tatbestandsmerkmale der in Betracht kommenden Straftat
2. **Rechtswidrigkeit**
   - Prüfung, ob ggf. Rechtfertigungsgründe (wie z. B. Notwehr gem. § 32 StGB) vorliegen
3. **Schuld**

3.1 Vorsatz (Wissen und Wollen der Tatbestandsverwirklichung)
3.2 Schuldausschließungsgründe (Prüfung, ob ggf. Schuldausschließungsgründe wie z. B. § 19 StGB – Person ist unter 14 Jahre alt – vorliegen)

Ergebnis:
Hat sich die Person strafbar gemacht? (ja oder nein)

Für beide Schemata gilt:

Die Prüfungsaufgaben können auch variabel gestaltet sein. Das bedeutet, dass nicht zwingend das ganze Schema zu würdigen ist, sondern dass ggf. nur Teile davon gefordert sind. Beachten Sie hier dazu stets die ggf. vorhandenen Bearbeitungshinweise unter der Aufgabenstellung.

2. Die Entscheidung

Dreh- und Angelpunkt (fast) jeder Sachverhaltsbeurteilung ist die Entscheidung. Deshalb soll zunächst auf diesen wichtigen Prüfungspunkt eingegangen werden.

Es gibt – ganz allgemein – drei Hauptaufgaben der Polizei:

Die Gefahrenabwehr (= Prävention)	**Die Strafverfolgung** (= Repression)	**Die Verfolgung und Ahndung von Ordnungswidrigkeiten** (= Repression[5])

5 Hier wird jedoch nach dem Opportunitätsprinzip eingeschritten.

Kennzeichen der Gefahrenabwehr ist das Einschreiten nach dem sog. Opportunitätsprinzip. Die Polizei trifft ihre Maßnahmen nach pflichtgemäßem Ermessen.

Gefahrenabwehr = Prävention **Handeln nach dem Opportunitätsprinzip** **BPolG**	Opportunitätsprinzip = Die Behörde hat bei ihren Maßnahmen einen Handlungsspielraum. Die Behörde **kann** eingreifen, muss aber nicht (s. § 16 BPolG).

§ 16 BPolG – Ermessen, Wahl der Mittel
(1) Die Bundespolizei trifft ihre Maßnahmen nach pflichtgemäßem Ermessen.

Beispiel für die Ermessensausübung:

§ 14 BPolG – Allgemeine Befugnisse
(1) Die Bundespolizei kann zur Erfüllung ihrer Aufgaben nach den §§ 1 bis 7 die notwendigen Maßnahmen treffen, um eine Gefahr abzuwehren ...

Beispiel aus dem bundespolizeilichen Aufgabenbereich:

BPOLI Hamburg: Sie sehen am Bahnsteig eine Person, die eine Spraydose in der Hand hält und zielgerichtet auf einen Fahrausweisautomaten (FAA) zugeht.

Wie schreiten Sie hier ein?

Lösung: Der Schaden am Rechtsgut Eigentum der DB AG ist hier noch nicht eingetreten. Daher versuchen Sie, den Schadenseintritt zu verhindern und fordern die Person auf, die Spraydose auf den Boden zu legen. Man spricht hier von einer **bevorstehenden Rechtsgutverletzung** (in diesem Fall für das Eigentum).

Beachten Sie, dass polizeiliche Situationen dynamisch sind. Situationen können sich rasch ändern. Deshalb ist die Frage nach der Entscheidung stets eine Momentaufnahme. Die Situation wird für einen kurzen Moment *eingefroren* und Sie müssen sich entscheiden.

Gefahrenabwehr = Prävention **Handeln nach dem** **Opportunitätsprinzip** **BPolG**	**Strafverfolgung = Repression** **Handeln nach dem** **Legalitätsprinzip** **StPO**

Schadenseintritt
= Rechtsgut ist **verletzt**

Zurück zum o. g. Sachverhalt mit der Spraydose:

Sobald der Schaden am Rechtsgut eingetreten ist, spricht man von einem Schadenseintritt, siehe Übersicht. Dies wäre dann der Fall, wenn die Person bereits begonnen hat, den Automaten zu besprühen bzw. er immer noch dabei ist, ihn zu besprühen. Das Verhalten stellt (zumindest) den Verdacht einer Straftat nach § 303 II StGB (Sachbeschädigung) dar. Die Polizeibeamten müssen demnach (auch) zwingend das Legalitätsprinzip beachten.

Legalitätsprinzip = Das Legalitätsprinzip ist die **gesetzlich normierte** Verpflichtung der Strafverfolgungsorgane (Polizei), erkannte bzw. mögliche Straftaten von Amts wegen zu erforschen und zu verfolgen.	**Strafverfolgung = Repression** **Handeln nach dem Legalitätsprinzip** **StPO**

§ 163 StPO – Aufgaben der Polizei im Ermittlungsverfahren
(1) Die Behörden und Beamten des Polizeidienstes haben Straftaten zu erforschen und alle keinen Aufschub gestattenden Anordnungen zu treffen, um die Verdunkelung der Sache zu verhüten...

Sprüht die Person schon bzw. sprüht sie weiter, wird das Eigentum der DB AG immer weiter verletzt. Daher fordern Sie die Person auf, unverzüglich mit dem Sprühen aufzuhören und die Dose auf den Boden zu stellen. Sie müssen demnach zunächst eine weitere Schadensvertiefung verhindern und schreiten zuerst präventiv ein.

Kommt die Person der Aufforderung nach (also ist die Gefahr der Schadensvertiefung abgewehrt), werden im Anschluss repressive Maßnahmen eingeleitet wie z. B. eine IDF gem. § 163 b I StPO. Sie schreiten demnach im Anschluss repressiv ein. Dies bezeichnet man auch als **anhaltende Rechtsgutverletzung**.

Nun zur dritten Rechtsgutverletzung:

Diese liegt dann vor, wenn es keine Gefahr mehr abzuwehren gilt. Der Schaden ist bereits eingetreten und eine Schadensvertiefung ist nicht mehr möglich.

Im Fall mit dem Sprayer würde das bedeuten, die Person hat gerade mit dem Sprühen aufgehört und beginnt, sich vom Tatort zu entfernen. Gerade in diesem Moment kommen Sie als Streife zum Ereignisort.

Es handelt sich demnach um eine **abgeschlossene Rechtsgutverletzung**. Sie schreiten (nur noch) repressiv ein.

Zusammenfassung am o. g. Beispiel

Sie sehen am Bahnsteig eine Person, die eine Spraydose in der Hand hält und zielgerichtet auf einen Fahrausweisautomaten zugeht.	Sie sehen die Person, wie diese gerade den Automaten besprüht.	Sie sehen, dass die Person gerade mit dem Sprühen aufgehört hat und sich vom Tatort entfernt.
Noch kein Schaden eingetreten	Schaden ist bereits eingetreten	Schaden ist bereits eingetreten
Schadenseintritt steht unmittelbar bevor	Schadensvertiefung ist möglich	Schadensvertiefung ist nicht möglich
Bevorstehende RGV	**Anhaltende RGV**	**Abgeschlossene RGV**
Präventives Einschreiten	**Erst präventives, dann repressives Einschreiten**	**Repressives Einschreiten**

LERNVIDEO zur Entscheidung

https://www.youtube.com/watch?v=l41qI3cMPxs

Soweit zu den theoretischen Grundlagen der Entscheidung. Für die Ausformulierung der Entscheidung (1.1 des Maßnahmenschemas) gibt es ein kleines Schema, welches die Abarbeitung vereinfacht:

1. Kurzwiedergabe des Sachverhaltes
2. Benennung des beeinträchtigten Rechtsgutes
3. Feststellung, ob bereits ein Schaden eingetreten ist ggf. Benennung der Straftat
4. Repressives Einschreiten möglich/nicht möglich
5. Schadensprognose (ist ein Schadenseintritt/Schadensvertiefung möglich)
6. Präventives Einschreiten möglich/nicht möglich
7. Feststellung der Art der Rechtsgutverletzung
8. Entscheidung zu repressivem/präventivem Einschreiten

Anhand der drei Sachverhaltskonstellationen und des Schemas finden Sie auf den folgenden Seiten die entsprechenden Ausformulierungen:

Fall 1	**Fall 2**	**Fall 3**
Sie sehen am Bahnsteig eine Person, die eine Spraydose in der Hand hält und zielgerichtet auf einen Fahrausweisautomaten zugeht.	Sie sehen die Person, wie diese gerade den Automaten besprüht.	Sie sehen, dass die Person gerade mit dem Sprühen aufgehört hat und sich vom Tatort entfernt.

Fall 1:

1. *Die Person hat eine Spraydose in der Hand und läuft zielgerichtet auf einen Fahrausweisautomaten zu.*
2. *Durch dieses Verhalten ist das Rechtsgut Eigentum der DB AG beeinträchtigt.*
3. *Ein Schaden ist noch nicht eingetreten.*
4. *Repressives Einschreiten ist nicht möglich.*

5. *Die Person könnte mit dem Besprühen beginnen. Der Schadenseintritt steht unmittelbar bevor.*
6. *Präventives Einschreiten ist möglich.*
7. *Es handelt sich um eine* ***bevorstehende*** *RGV.*
8. *Ich schreite* ***präventiv*** *ein.*

Fall 2:

1. *Ich sehe die Person, wie diese gerade den Fahrausweisautomaten besprüht.*
2. *Durch dieses Verhalten ist das Rechtsgut Eigentum der DB AG beeinträchtigt.*
3. *Ein Schaden ist bereits eingetreten. Es kommt hier eine Straftat gem. § 303 II StGB (Sachbeschädigung) in Betracht.*
4. *Repressives Einschreiten ist möglich.*
5. *Die Person könnte immer weitersprühen. Daher ist eine Schadensvertiefung möglich.*
6. *Präventives Einschreiten ist möglich.*
7. *Es handelt sich um eine* ***anhaltende*** *RGV.*
8. *Ich schreite* ***zunächst präventiv*** *ein (um die Schadensvertiefung zu verhindern),* ***anschließend repressiv****.*

Fall 3:

1. *Ich sehe, wie die Person gerade mit dem Sprühen aufgehört hat und sich anschließend vom Tatort entfernt.*
2. *Durch dieses Verhalten ist das Rechtsgut Eigentum der DB AG beeinträchtigt.*
3. *Ein Schaden ist bereits eingetreten. Es kommt hier eine Straftat gem. § 303 II StGB (Sachbeschädigung) in Betracht.*
4. *Repressives Einschreiten ist möglich.*
5. *Eine Schadensvertiefung ist nicht möglich. Die Person entfernt sich vom Tatort.*

6. *Präventives Einschreiten ist nicht möglich.*
7. *Es handelt sich um eine* ***abgeschlossene*** *RGV.*
8. *Ich schreite* ***repressiv*** *ein.*

Eine Empfehlung:

Unabhängig davon, ob die Aufgabenstellung eine Entscheidung fordert, ist es ratsam, ständig eine kurze Entscheidungsprüfung im Kopf zu machen. Denn: Polizeiliche Situationen sind dynamisch. Je nachdem, wie das polizeiliche Gegenüber reagiert und je nach Fortschritt der Tathandlung(en) kann sich Ihr Einschreiten verändern.

Kapitel 2 Präventive Befugnisse

1. Die Generalklausel

Sachverhalt aus dem bahnpolizeilichen Aufgabenbereich: BPOLI Hamburg – Bei der Anreise von Fußballfans bemerkt eine Streife der BPOL eine männliche Person (P), die eine Bierflasche in der Hand hält und damit zum Wurf in Richtung gegnerischer Fans ausholt. Die Bundespolizisten fordern die Person auf, die Flasche sofort auf den Boden abzustellen.

LERNVIDEO

https://www.youtube.com/watch?v=Wu1hZs7jJwI&t=122s

Gesetzestext (Auszug)

§ 14 BPolG (Allgemeine Befugnisse)

(1) Die Bundespolizei kann zur Erfüllung ihrer Aufgaben nach den §§ 1 bis 7 die notwendigen Maßnahmen treffen, um eine Gefahr abzuwehren, soweit nicht dieses Gesetz die Befugnisse der Bundespolizei besonders regelt.

(2) Gefahr im Sinne dieses Abschnitts ist eine im Einzelfall bestehende Gefahr für die öffentliche Sicherheit oder Ordnung im Bereich der Aufgaben, die der Bundespolizei nach den §§ 1 bis 7 obliegen…

1.1 Voraussetzungen[6]

Zunächst ein Überblick:

1. Öffentliche Sicherheit **oder** öffentliche Ordnung
2. Gefahr (im Einzelfall)
3. Aufgabenbereich der BPOL, §§ 1–7 BPolG
4. Subsidiarität

Hinweis: Ob die öffentliche Sicherheit/Ordnung oder die Gefahr (im Einzelfall) zuerst geprüft wird, ist für den Prüfungserfolg nicht entscheidend.

1.1.1 Öffentliche Sicherheit oder Ordnung

- **Definition:** Unter der öffentlichen Sicherheit versteht man den Schutz der Allgemeinheit oder des Einzelnen vor Schäden, die drohen: **1.** dem Bestand und der Funktionsfähigkeit des Staates, **2.** den Individual- und Universalrechtsgütern, **3.** dem Schutz der gesamten Rechtsordnung.

Hilfestellung: Beantworten Sie in der Subsumtion folgende Hilfsfrage in Bezug zur öffentlichen Sicherheit.

Welche der o. g. Elemente (1 bis 3) sind durch das Fehlverhalten der Person berührt? Oftmals ist der Punkt 2 (Individual- und Universalrechtsgüter) tangiert. Bei den Individualrechtsgütern sind oft das Eigentum und die körperliche Unversehrtheit betroffen. Bei den Universalrechtsgütern ist regelmäßig die Sicherheit des Bahnverkehrs oder Sicherheit der Grenze tangiert. Ist der Punkt 2 zu bejahen, ist regelmäßig auch der Punkt 3 näher zu betrachten.

Bei der geschriebenen Rechtsordnung sollte stets die Frage beantwortet werden, ob möglicherweise das Strafgesetzbuch (StGB) berührt ist bzw. berührt sein könnte. Hintergrund ist, dass jeder Straftatbestand im StGB stets zumindest ein Rechtsgut benennt,

6 Die ersten drei Voraussetzungen bezeichnet man auch als 3-stufige bzw. 3-schichtige Polizeigefahr.

z. B. schützen die Körperverletzungsdelikte (§§ 223 ff. StGB) das Rechtsgut körperliche Unversehrtheit[7].

Wie oben bereits kurz erwähnt: Ob die Prüfung mit der Voraussetzung (öffentliche Sicherheit/öffentliche Ordnung) begonnen wird oder mit der Gefahr, ist für den Klausurerfolg nicht entscheidend. Die Gefahr wird in diesem Schema an zweiter Stelle geprüft, denn die Gefahr steht nie allein dar, sondern sie muss stets **für** etwas bestehen, nämlich für die öffentliche Sicherheit oder öffentliche Ordnung. Eine andere Vorgehensweise führt auch zum Ziel. Man kann z. B. auch zuerst die Gefahr prüfen und dann die öffentliche Sicherheit/öffentliche Ordnung.

- **Definition:** Unter der öffentlichen Ordnung versteht man ungeschriebene Normen, die ein geordnetes Zusammenleben in der Gesellschaft ermöglichen. Diese Wertvorstellungen sind wandelbar.

1.1.2 Gefahr (im Einzelfall)

- **Definition:** Eine Gefahr ist ein ungewöhnlicher, regelwidriger Zustand, der den Eintritt eines Schadens für ein Rechtsgut in naher Zukunft wahrscheinlich macht.

Hilfestellung: Beantworten Sie in der Subsumtion folgende Hilfsfragen. Was genau ist der regelwidrige Zustand? – Gehen Sie hier auf das konkrete Fehlverhalten der Person ein. Was bedeutet das Fehlverhalten in Bezug auf die **Schadenswahrscheinlichkeit**? Falls polizeilich nicht eingeschritten wird, könnte **was** in allernächster Zukunft passieren?

1.1.3 Aufgabenbereich der BPOL

- Der Gefahrenanlass muss sich im präventiven Aufgabenbereich befinden, §§ 1–7 BPolG.

Hilfestellung: Diese Voraussetzung ähnelt der (präventiven) sachlichen Zuständigkeit. Es kommt hier im Kern darauf an, den rele-

7 Artikel 2 Absatz 2 Satz 1 Grundgesetz.

vanten Paragrafen der in Betracht kommenden präventiven Aufgabe zu benennen. Die Würdigung sollte auch eine kurze Begründung enthalten. Es ist nicht erforderlich, hier eine umfassende Subsumtion durchzuführen.

Merke:

Die ersten drei Voraussetzungen stellen die konkrete, typische Bundespolizeigefahr dar (auch 3-stufige Polizeigefahr genannt). Die Würdigung dieser Gefahrenart stellt *einen* Schwerpunkt des 1. Dienstjahres dar und muss beherrscht werden, insbesondere deshalb, weil andere Befugnisse auch eine konkrete Gefahr i. S. d. § 14 II 1 BPolG erfordern, so z. B.:

- **§ 23 I Nr. 1 BPolG** (= die Identitätsfeststellung zur Abwehr einer konkreten Gefahr) und
- **§ 38 BPolG** (= der Platzverweis zur Abwehr einer konkreten Gefahr).

Der Unterschied zur abstrakten Gefahr liegt darin, dass diese nur einen gedachten (Gefahren)-Zustand beschreibt. Dieser hat sich jedoch noch nicht tatsächlich realisiert. Ein Beispiel für diese Abgrenzung mit Bezug zur Bundespolizei:

- Der Aufenthalt im Gleisbereich ist gefährlich! = ***abstrakte*** Gefahrenlage
- Während der Streifentätigkeit fällt den Bundespolizisten eine Person auf, die sich unbefugt im Gleisbereich aufhält = ***konkrete* Gefahrenlage**

1.1.4 Subsidiarität

Die Besonderheit der Generalklausel ist, dass sie nur dann zur Anwendung kommt, wenn andere, speziellere Befugnisse nicht in Betracht kommen. Die spezielleren Befugnisse befinden sich in den §§ 21 ff. BPolG.

Beantworten Sie in der Subsumtion folgende Hilfsfrage:

- **Gibt es eine Spezialbefugnis in den §§ 21 ff. BPolG?**

Typische Spezialbefugnisse sind etwa die Befragung gemäß § 22 BPolG, die Identitätsfeststellung gemäß § 23 BPolG und der Platzverweis gemäß § 38 BPolG. Falls diese Spezialbefugnisse nicht zur Anwendung kommen, *greift* die Generalklausel.

1.2 Formulierungsvorschlag

Der nachfolgende Formulierungsvorschlag ist nur **ein** Teil der schriftlichen Prüfung. Gemäß dem geltenden Maßnahmenschema für die Ausbildung des mittleren Dienstes bezieht sich der Formulierungsvorschlag auf die Punkte

1. Entscheidung
   - 1.1 Entscheidung zu präventivem oder repressivem Handeln
   - 1.2 Benennung der zu treffenden Maßnahme
2. Zuständigkeit
   - 2.1 Sachliche Zuständigkeit
   - 2.2 Örtliche Zuständigkeit
3. Eingriff
   - 3.1 Befugnisnorm
   - 3.2 Adressat
   - 3.3 Allgemeine Rechtmäßigkeitsvoraussetzungen

- Verhältnismäßigkeit

> **Hinweis:**
>
> Prüfen Sie bei der Subsumtion der einzelnen Voraussetzungen stets gedanklich, ob Sie die *Hilfsfragen* alle – möglichst umfassend – beantwortet haben.

Nun zum Sachverhalt mit dem Fußballfan P, der eine Bierflasche in der Hand hält und damit zum Wurf in Richtung gegnerischer Fans ausholt.

1. Entscheidung

1.1 Entscheidung zu präventivem oder repressivem Handeln

Die Streife sieht den P, wie dieser eine Bierflasche in der Hand hält und damit zum Wurf in Richtung gegnerische Fans ausholt. Durch dieses Verhalten ist das Rechtsgut körperliche Unversehrtheit der gegnerischen Fans beeinträchtigt. Ein Schaden ist noch nicht eingetreten. Repressives Einschreiten ist nicht möglich. Ein Schadenseintritt steht durch den Wurf unmittelbar bevor. Die Flasche bzw. die Splitter könnten zu erheblichen Verletzungen führen. Präventives Einschreiten ist möglich. Es handelt sich um eine **bevorstehende** RGV. Die PVB schreiten **präventiv** ein.

1.2 Benennung der zu treffenden Maßnahme

Die Beamten fordern den P auf, den Wurf zu unterlassen. Als Maßnahme kommt die Generalklausel gem. § 14 I, II S. 1 BPolG in Betracht.

2. Zuständigkeit

2.1 Sachliche Zuständigkeit

Die sachliche Zuständigkeit ergibt sich aus §§ 1 II, 3 I Nr. 1 BPolG, § 4 EBO, § 1 VII BPolG. Demnach hat die BPOL die Aufgabe, auf dem Gebiet der Bahnanlagen der Eisenbahnen des Bundes Gefahren für die öffentliche Sicherheit abzuwehren, die u. a. den Benutzern drohen. Der Bahnsteig des Bahnhofs ist eine Bahnanlage der Eisenbahn des Bundes. Die gegnerischen Fans sind Benutzer der Bahn.

Die räumliche Begrenzung der Sachaufgabe (auf das Gebiet der Bahnanlagen der Eisenbahnen des Bundes) wurde eingehalten gem. § 1 VII BPolG.

2.2 Örtliche Zuständigkeit

Die Streife ist zugehörig zur BPOLI Hamburg. Diese gehört zur BPOLD Hannover, welche gem. § 58 I BPolG i.V.m § 2 I Nr. 2 BPolZV in der Stadt Hamburg örtlich zuständig ist. Der Bahnhof Hamburg liegt in Hamburg. Somit ist die Streife auch örtlich zuständig.

3. Eingriff

3.1 Befugnisnorm

Einleitender Obersatz

Gemäß Artikel 20 III GG (Vorbehalt des Gesetzes) bedarf es einer Rechtsgrundlage, um in die Rechte des Bürgers einzugreifen. Die mündliche Aufforderung[8] an den P, die Flasche abzustellen, könnte sich auf die Generalklausel gem. § 14 I, II 1 BPolG stützen. Hierzu müsste eine Gefahr i. S. d. § 14 II 1 BPolG vorliegen, d. h. in der Ausprägung einer konkreten Gefahr für die öffentliche Sicherheit oder Ordnung innerhalb des Aufgabenbereichs der BPOL.

1. Voraussetzung – öffentliche Sicherheit, Würdigung mit dem 3er-Schritt[9] der Subsumtion

Unter der **öffentlichen Sicherheit** versteht man den Schutz der Allgemeinheit oder des Einzelnen vor Schäden, die drohen: 1. dem Bestand und der Funktionsfähigkeit des Staates, 2. den Individual- und Universalrechtsgütern, 3. dem Schutz der gesamten Rechtsordnung. Durch den möglichen Flaschenwurf des P könnten die Individualrechtsgüter körperliche Unversehrtheit/ggf. Leben der gegnerischen Fans und Unbeteiligter sowie das Eigentum betroffen sein. Die geschriebene Rechtsordnung könnte in Form von Körperverletzungsdelikten (zum Nachteil der o. g. Personen) tangiert sein (§§ 223 ff. StGB). Auch Sachbeschädigungsdelikte sind möglich (§§ 303 ff. StGB).

Die öffentliche Sicherheit ist berührt.

8 Die Generalklausel hat die Besonderheit, auf der Rechtsfolgenseite von „notwendigen Maßnahmen“ zu sprechen. Von daher ist es an dieser Stelle besonders wichtig, dem Prüfer mitzuteilen, was im konkreten Fall die nun zu treffende Maßnahme eigentlich ist.

9 Der sog. 3er-Schritt beinhaltet die Definition, Subsumtion und das Ergebnis. Alternative Bezeichnungen sind: ansprechen, bewerten, folgern. Auf die Darstellung des Obersatzes (4er-Schritt) wurde aus Gründen der Übersichtlichkeit verzichtet.

2. Voraussetzung – Gefahr im Einzelfall

Eine **Gefahr** ist ein ungewöhnlicher, regelwidriger Zustand, der den Eintritt eines Schadens für ein Rechtsgut in naher Zukunft wahrscheinlich macht. Wie dem Sachverhalt zu entnehmen ist, holt P zum Wurf in Richtung der gegnerischen Fans aus. Falls jetzt polizeilich nicht eingeschritten wird, könnte es durch die Flasche selbst und/oder herumfliegende Glassplitter in allernächster Zeit zu einem Schaden kommen, d. h. Personen könnten verletzt oder Sachen beschädigt werden.

Somit liegt eine Gefahr vor.

3. Voraussetzung – Aufgabenbereich der BPOL

Die von P verursachten Gefahren liegen gem. §§ 1 II, 3 I Nr. 1 BPolG i. V. m. § 4 EBO i. V. m. § 1 VII BPolG im präventiven **bahnpolizeilichen Aufgabenbereich**, da sie Gefahren für die Benutzer der Bahn darstellen. Somit befindet sich der Gefahrenanlass innerhalb der BPOL obliegenden präventiven Aufgaben.

Insgesamt liegt eine konkrete Gefahr vor, § 14 II 1 BPolG.

4. Voraussetzung – Subsidiarität

Eine **Spezialbefugnis** für das Unterbinden des Flaschenwurfes ist in den Spezialbefugnissen (§§ 21 ff. BPolG) nicht ersichtlich, sodass auf die Generalklausel zurückgegriffen werden kann.

Ergebnis

Die Voraussetzungen für die Anwendung der Generalklausel liegen insgesamt vor.

3.2 Adressat

Der P verursacht durch den versuchten Wurf eine Gefahr. Er ist der Verhaltensverantwortliche gem. § 17 I BPolG und somit richtiger Adressat meiner Maßnahme.

LERNVIDEO zur präventiven Adressatenregelung

https://www.youtube.com/watch?v=6GOR4rTVvCU&t=250s

3.3 Allgemeine Rechtmäßigkeitsvoraussetzungen

- Verhältnismäßigkeit

Die Verhältnismäßigkeit der Maßnahme ergibt sich aus § 15 BPolG. Demnach muss die Maßnahme geeignet, erforderlich und angemessen sein.

Geeignet ist die Maßnahme dann, wenn diese objektiv-zwecktauglich ist, das polizeiliche Ziel zu erreichen. Die Aufforderung an den P, den Wurf zu unterlassen ist grundsätzlich geeignet, die Gefährdung der gegnerischen Fans zu unterbinden. Somit ist die Maßnahme geeignet.

Erforderlich ist die Maßnahme, wenn von mehreren geeigneten Maßnahmen diejenige getroffen wird, die den Einzelnen oder die Allgemeinheit am wenigsten beeinträchtigt. Die Unterlassungsverfügung in Bezug auf das Werfen ist die erkennbar mildeste Maßnahme, da dies zeitlich von kurzer Dauer ist und ihn nur geringfügig in seinen Grundrechten beeinträchtigt. Es gibt keine mildere Maßnahme im BPolG. Somit ist die Maßnahme erforderlich.

Angemessen ist die Maßnahme, wenn die Folge einer polizeilichen Maßnahme in einem angemessenen Verhältnis zum angestrebten Zweck steht. Auf der einen Seite wird durch die Unterlassungsverfügung die allgemeine Handlungsfreiheit des P (Art. 2 I GG) eingeschränkt. Dies jedoch nur kurzfristig. Auf der anderen Seite sollen durch die Maßnahme die Rechtsgüter körperliche Unversehrtheit der gegnerischen Fans (und Unbeteiligter) gem.

Art. 2 II S. 1 GG geschützt werden. Im Übrigen hat der P durch sein Verhalten das Einschreiten der Bundespolizisten erst erforderlich gemacht. Ein Missverhältnis ist hier nicht zu erkennen. Somit ist die Maßnahme auch angemessen und **insgesamt verhältnismäßig**.

2. Die Befragung

Sachverhalt aus dem grenzpolizeilichen Aufgabenbereich: BPOLI Forst – Im 30-km-Grenzgebiet nahe der polnischen Grenze führt eine Streife der BPOL eine informatorische Befragung eines Landwirtes (L) durch. Der L könnte der Streife aufgrund seiner Arbeitstätigkeit möglicherweise Mitteilungen zu relevanten Personen- und/oder Fahrzeugbewegungen machen (Schleusungsaktivitäten, unerlaubte Einreisen etc.).

LERNVIDEO

https://elopage.com/s/SogehtEinsatzrecht

Gesetzestext (Auszug)

§ 22 BPolG (Befragung und Auskunftspflicht)

(1) Die Bundespolizei kann eine Person befragen, wenn Tatsachen die Annahme rechtfertigen, dass die Person sachdienliche Angaben für die Erfüllung einer bestimmten der Bundespolizei obliegenden Aufgabe machen kann. Zum Zwecke der Befragung kann die Person angehalten werden. Auf Verlangen hat die Person mitgeführte Ausweispapiere zur Prüfung auszuhändigen.

2.1 Voraussetzungen

Zunächst ein Überblick:

1. Tatsachen
2. Sachdienliche Angaben
3. Für eine der BPOL obliegende Aufgabe (§§ 1–7 BPolG)

2.1.1 Tatsachen

Definition:

Tatsachen sind gesicherte Erkenntnisse und begründen objektiv die Annahme, dass ein bestimmter Sachverhalt tatsächlich existiert oder mit Wahrscheinlichkeit zu erwarten ist.

Hilfestellung: Beantworten Sie in der Subsumtion folgende Hilfsfragen. Warum könnte die Person, die Sie befragen wollen, für Sie so wichtig sein? Was ist das Besondere an dieser Person? Betrachten Sie in diesem Zusammenhang auch die örtliche Lage, in der sich die Person befindet oder aber auch den Beruf, den die Person ausübt.

2.1.2 Sachdienliche Angaben

Definition:

Eine sachdienliche Angabe ist jede – die Aufgaben und Arbeit der BPOL unterstützende oder fördernde – Information, die einen zielgerichteten Einsatz ermöglicht.

Hilfestellung: Beantworten Sie in der Subsumtion folgende Hilfsfrage. Welche **wichtigen** Informationen könnte die Person Ihnen mitteilen (bezogen auf den Sachverhalt)?

2.1.3 Für eine der BPOL obliegende Aufgabe

Definition:

Die sachdienlichen Angaben müssen zur Erfüllung einer der BPOL obliegenden Aufgabe nach §§ 1–7 BPolG dienlich sein.

Hilfestellung: Beantworten Sie in der Subsumtion folgende Hilfsfrage. Welcher präventiven Aufgabe *dienen* die Informationen, die uns die Person geben kann (§ 1 II i. V. m. §§ 1 bis 7 BPolG).

2.2 Formulierungsvorschlag

Nun zum Sachverhalt mit dem Landwirt (L), bei dem eine präventive Befragung durchgeführt wird.

1. Entscheidung

1.1 Entscheidung zu präventivem oder repressivem Handeln

Die Streife führt beim L eine Befragung durch. Durch die möglichen Erkenntnisse kann das Rechtsgut Sicherheit der Grenze entsprechend geschützt werden. Ein Schaden ist noch nicht eingetreten. Repressives Einschreiten ist nicht möglich. Ein Schadenseintritt in Bezug auf mögliche Schleusungshandlungen/unerlaubte Einreisen wäre möglich. Präventives Einschreiten ist möglich. Es handelt sich um eine **bevorstehende RGV**. Die PVB schreiten **präventiv** ein.

1.2 Benennung der zu treffenden Maßnahme

Die Beamten befragen den L. Als Maßnahme kommt die Befragung gem. § 22 I BPolG in Betracht.

2. Zuständigkeit

2.1 Sachliche Zuständigkeit

Die sachliche Zuständigkeit ergibt sich aus §§ 1 II, 2 II Nr. 3, 1 VII BPolG. Demnach hat die BPOL die Aufgabe, im Grenzgebiet bis zu einer Tiefe von 30 Kilometern Gefahren abzuwehren, die die Sicherheit der Grenze beeinträchtigen. Schleusungen und unerlaubte Einreisen beeinträchtigen die Sicherheit der Grenze.

Die räumliche Begrenzung der Sachaufgabe (hier: 30-km-Bereich) wurde eingehalten gem. § 1 VII BPolG.

2.2 Örtliche Zuständigkeit

Die Streife ist zugehörig zur BPOLI Forst. Diese gehört zur BPOLD Berlin, welche gem. § 58 I BPolG i.V.m § 2 I Nr. 8 BPolZV im Land Brandenburg örtlich zuständig ist. Der Ereignisort liegt in Brandenburg. Somit ist die Streife auch örtlich zuständig.

3. Eingriff

3.1 Befugnisnorm

Einleitender Obersatz

Gemäß Artikel 20 III GG (Vorbehalt des Gesetzes) bedarf es einer Rechtsgrundlage, um in die Rechte des Bürgers einzugreifen. Für eine Befragung des L kommt § 22 I BPolG in Betracht. Voraussetzung dafür sind Tatsachen, die die Annahme rechtfertigen, dass die Person uns sachdienliche Angaben zur Erfüllung einer der BPOL obliegenden Aufgabe machen kann.

1. Voraussetzung – Tatsachen

Tatsachen sind gesicherte Erkenntnisse und begründen objektiv die Annahme, dass ein bestimmter Sachverhalt tatsächlich existiert oder mit Wahrscheinlichkeit zu erwarten ist. Das zu bewirtschaftende Feld des L befindet sich in unmittelbarer Nähe der polnischen Grenze. Dadurch, dass er sich regelmäßig aufgrund seiner Tätigkeit dort aufhält, kann er alle relevanten Personen- und Fahrzeugbewegungen, insbesondere Einreisen in die Bundesrepublik Deutschland, in diesem Bereich wahrnehmen. Zum Beispiel könnte er mitbekommen, ob größere Personengruppen die Grenze passieren und ob Fahrzeuge dort diese Personen aufnehmen. Somit liegen Tatsachen vor.

2. Voraussetzung – sachdienliche Angaben

Sachdienliche Angaben sind alle – die Aufgaben und Arbeit der BPOL unterstützenden oder fördernden – Informationen, die einen zielgerichteten Einsatz ermöglichen. Der L könnte uns Auskunft darüber geben, wie viele Personen die Grenze passieren (Aussehen, ggf. Staatsangehörigkeit, Zeitpunkt des Grenzübertritts). Auch könnte er mitbekommen, welche Fahrzeuge dort parken und die relevanten Personen aufnehmen (Typ und Marke des Fahrzeuges etc.). Somit liegen sachdienliche Angaben vor.

3. Voraussetzung – für eine der BPOL obliegende Aufgabe

Diese sachdienlichen Angaben müssten zur Erfüllung einer der BPOL **obliegenden Aufgabe** nach §§ 1–7 BPolG **dienlich** sein. Die o. g. Angaben des L könnten der Aufgabe Grenzschutz (§§ 1 II i. V. m. 2 II Nr. 3 BPolG) dienen, denn dadurch könnten die eingesetzten Kräfte optimal eingesetzt werden, um mögliche unerlaubte Grenzübertritte festzustellen und Schleusungen zu unterbinden.

Ergebnis

Somit liegen alle Voraussetzungen der Befragung gem. § 22 I BPolG vor.

3.2 Adressat

Der L ist der richtige Adressat, der sich aus der Norm des § 22 I BPolG selbst ergibt (sog. Normadressat).

3.3 Allgemeine Rechtmäßigkeitsvoraussetzungen

– Verhältnismäßigkeit

Die Verhältnismäßigkeit der Maßnahme ergibt sich aus § 15 BPolG. Demnach muss die Maßnahme geeignet, erforderlich und angemessen sein.

Geeignet ist die Maßnahme dann, wenn diese objektiv-zwecktauglich ist, das polizeiliche Ziel zu erreichen. Die Befragung des L ist geeignet, entsprechende Erkenntnisse bzgl. unerlaubter Einreisen und Schleusungen zu erhalten, da der L als Landwirt entsprechende Beobachtungen gemacht haben könnte. Somit ist die Maßnahme geeignet.

Erforderlich ist die Maßnahme, wenn von mehreren geeigneten Maßnahmen diejenige getroffen wird, die den Einzelnen oder die Allgemeinheit am wenigsten beeinträchtigt. Die Befragung ist die erkennbar mildeste Maßnahme im BPolG, um relevante Lageinformationen zu erhalten. Somit ist die Maßnahme erforderlich.

Angemessen ist die Maßnahme, wenn die Folge einer polizeilichen Maßnahme in einem angemessenen Verhältnis zum angestrebten Zweck steht. Auf der einen Seite wird durch die Befragung für kurze Zeit (10 bis 15 Minuten) die Freiheit der Person (Art. 2 II S. 2 GG) eingeschränkt. Auf der anderen Seite soll durch die Maßnahme das Rechtsgut Sicherheit der Grenze vor Beeinträchtigungen geschützt werden. Ein Missverhältnis ist hier nicht zu erkennen. Somit ist die Maßnahme auch angemessen und **insgesamt verhältnismäßig**.

3. Die Identitätsfeststellung zur Abwehr einer Gefahr

Sachverhalt aus dem bahnpolizeilichen Aufgabenbereich: Sie sind im Rahmen eines Praktikums in der BPOLI Hamburg eingesetzt. Gemeinsam mit einem erfahrenen Stammbeamten bestreifen sie den Bahnhof Harburg. Dabei ist ihnen ein Mann aufgefallen, welcher sich nicht wie ein gewöhnlicher Reisender verhält. Sie haben den Mann daraufhin gezielt beobachtet[10]. Die dabei gewonnenen Erkenntnisse (u. a. gezielte Musterung von Reisenden beim Einsteigen am Bahnsteig) nähren in Ihnen den Verdacht, dass es sich bei dem Mann um einen Taschendieb handeln könnte.

10 Hierbei handelt es sich um eine Maßnahme nach § 21 I BPolG (= gezielte Beobachtung).

LERNVIDEO bzgl. der IDF zur Abwehr einer Gefahr

https://www.youtube.com/watch?v=5OpTXp8BXfg&t=34s

Gesetzestext (Auszug)

§ 23 BPolG (Identitätsfeststellung und Prüfung von Berechtigungsscheinen)

(1) Die Bundespolizei kann die Identität einer Person feststellen

1. zur Abwehr einer Gefahr,

[...]

3.1 Voraussetzungen[11]

Zunächst ein Überblick:

1. Öffentliche Sicherheit oder öffentliche Ordnung
2. Gefahr (im Einzelfall)
3. Aufgabenbereich der BPOL, §§ 1–7 BPolG

Merke:

Die Zielrichtung der IDF nach § 23 I Nr. 1 BPolG ist Aufhebung der Anonymität der Person. Dies soll abschreckend auf das polizeiliche Gegenüber wirken.

11 Diese Voraussetzungen bezeichnet man auch als 3-stufige bzw. 3-schichtige Polizeigefahr.

3.1.1 Öffentliche Sicherheit oder Ordnung

Definition öffentliche Sicherheit:

Unter der öffentlichen Sicherheit versteht man den Schutz der Allgemeinheit oder des Einzelnen vor Schäden, die drohen:

1. dem Bestand und der Funktionsfähigkeit des Staates,
2. den Individual- und Universalrechtsgütern,
3. dem Schutz der gesamten Rechtsordnung.

Hilfestellung: Beantworten Sie in der Subsumtion folgende Hilfsfrage in Bezug zur öffentlichen Sicherheit.

Welche der o. g. Elemente (1 bis 3) sind durch das Fehlverhalten der Person berührt? Oftmals ist der Punkt 2 (Individual- und Universalrechtsgüter) tangiert. Bei den Individualrechtsgütern sind oft das Eigentum und die körperliche Unversehrtheit betroffen. Bei den Universalrechtsgütern ist regelmäßig die Sicherheit des Bahnverkehrs oder Sicherheit der Grenze tangiert. Ist der Punkt 2 zu bejahen, ist regelmäßig auch der Punkt 3 näher zu betrachten.

Bei der geschriebenen Rechtsordnung sollte stets die Frage beantwortet werden, ob möglicherweise das Strafgesetzbuch (StGB) berührt ist bzw. berührt sein könnte. Hintergrund ist, dass jeder Straftatbestand im StGB stets zumindest ein Rechtsgut benennt, z. B. schützen die Körperverletzungsdelikte (§§ 223 ff. StGB) das Rechtsgut körperliche Unversehrtheit[12].

Wie oben bereits kurz erwähnt: Ob die Prüfung mit der Voraussetzung (öffentliche Sicherheit/öffentliche Ordnung) begonnen wird oder mit der Gefahr, ist für den Klausurerfolg nicht entscheidend. Die Gefahr wird in diesem Schema an zweiter Stelle geprüft, denn die Gefahr steht nie allein da, sondern sie muss stets **für** etwas bestehen, nämlich für die öffentliche Sicherheit oder öffentliche Ordnung. Eine andere Vorgehensweise führt auch zum

12 Artikel 2 Absatz 2 Satz 1 Grundgesetz.

Ziel. Man kann z. B. auch zuerst die Gefahr prüfen und dann die öffentliche Sicherheit/öffentliche Ordnung.

Definition öffentliche Ordnung:

Unter der öffentlichen Ordnung versteht man ungeschriebene Normen, die ein geordnetes Zusammenleben in der Gesellschaft ermöglichen. Diese Wertvorstellungen sind wandelbar.

3.1.2 Gefahr (im Einzelfall)

Definition:

Eine Gefahr ist ein ungewöhnlicher, regelwidriger Zustand, der den Eintritt eines Schadens für ein Rechtsgut in naher Zukunft wahrscheinlich macht.

Hilfestellung: Beantworten Sie in der Subsumtion folgende Hilfsfragen. Was genau ist der regelwidrige Zustand? – Gehen Sie hier auf das konkrete Fehlverhalten der Person ein. Was bedeutet das Fehlverhalten in Bezug auf die **Schadenswahrscheinlichkeit**? Falls polizeilich nicht eingeschritten wird, könnte **was** in allernächster Zukunft passieren?

3.1.3 Aufgabenbereich der BPOL

- Der Gefahrenanlass muss sich im präventiven Aufgabenbereich befinden, §§ 1–7 BPolG.

Hilfestellung: Diese Voraussetzung ähnelt der (präventiven) sachlichen Zuständigkeit. Es kommt hier im Kern darauf an, den relevanten Paragrafen der in Betracht kommenden präventiven Aufgabe zu benennen. Die Würdigung sollte auch eine kurze Begründung enthalten. Es ist nicht erforderlich, hier eine umfassende Subsumtion durchzuführen.

Merke:

Diese drei Voraussetzungen stellen die konkrete, typische Bundespolizeigefahr dar (auch 3-stufige Polizeigefahr genannt, gem. § 14 II S. 1 BPolG).

3.2 Formulierungsvorschlag

Nun zum Sachverhalt mit der Person, die ggf. in naher Zukunft Diebstahlsdelikte begehen möchte.

1. Entscheidung

1.1 Entscheidung zu präventivem oder repressivem Handeln

Die Person verhält sich auffällig und es könnte sein, dass sie demnächst ein noch unbestimmtes Diebstahlsdelikt begehen wird. Durch dieses Verhalten ist das Rechtsgut auf Eigentum der Bahnreisenden beeinträchtigt. Ein Schaden ist noch nicht eingetreten. Repressives Einschreiten ist nicht möglich. Ein Schadenseintritt steht durch das gezielte Mustern von Reisenden unmittelbar bevor. Präventives Einschreiten ist möglich. Es handelt sich um eine **bevorstehende RGV**. Ich schreite **präventiv** ein.

1.2 Benennung der zu treffenden Maßnahme

Ich stelle die Identität der Person fest. Als Maßnahme kommt die IDF gem. § 23 I Nr. 1, III BPolG[13] in Betracht.

2. Zuständigkeit

2.1 Sachliche Zuständigkeit

Die sachliche Zuständigkeit ergibt sich aus §§ 1 II, 3 I Nr. 1 BPolG, § 4 EBO, § 1 VII BPolG. Demnach hat die BPOL die Aufgabe, auf dem Gebiet der Bahnanlagen der Eisenbahnen des Bundes Gefahren für die öffentliche Sicherheit abzuwehren, die u. a. den Benutzern drohen. Der Bahnsteig des Bahnhofs ist eine Bahnanlage der Eisenbahn des Bundes. Die gegnerischen Fans sind Benutzer der Bahn.

Die räumliche Begrenzung der Sachaufgabe (auf das Gebiet der Bahnanlagen der Eisenbahnen des Bundes) wurde eingehalten gem. § 1 VII BPolG.

---

13 § 23 BPolG muss stets mit dem Absatz 1 und der entsprechenden Nummer sowie dem Absatz 3 zitiert werden, denn: Tatbestand ist in Absatz 1 und die Rechtsfolge in Absatz 3 geregelt.

LERNVIDEO zur präventiven Zuständigkeit

https://www.youtube.com/watch?v=IBMsoGXbP4I&t=391s

2.2 Örtliche Zuständigkeit

Die Streife ist zugehörig zur BPOLI Hamburg. Diese gehört zur BPOLD Hannover, welche gem. § 58 I BPolG i.V.m § 2 I Nr. 2 BPolZV in der Stadt Hamburg örtlich zuständig ist. Der Bahnhof Hamburg liegt in Hamburg. Somit ist die Streife auch örtlich zuständig.

3. Eingriff

3.1 Befugnisnorm

Einleitender Obersatz

Gemäß Artikel 20 III GG (Vorbehalt des Gesetzes) bedarf es einer Rechtsgrundlage, um in die Rechte des Bürgers einzugreifen. Die IDF stützt sich auf § 23 I Nr. 1, III BPolG. Hierzu müsste eine Gefahr i. S. d. § 14 II S. 1 BPolG vorliegen, d. h. in der Ausprägung einer konkreten Gefahr für die öffentliche Sicherheit oder Ordnung innerhalb des Aufgabenbereichs der BPOL.

1. Voraussetzung – öffentliche Sicherheit

Unter der **öffentlichen Sicherheit** versteht man den Schutz der Allgemeinheit oder des Einzelnen vor Schäden, die drohen: 1. dem Bestand und der Funktionsfähigkeit des Staates, 2. den Individual- und Universalrechtsgütern, 3. dem Schutz der gesamten Rechtsordnung. Durch die mögliche Diebstahlshandlung könnte das Individualrechtsgut Eigentum der Bahnreisenden betroffen sein. Die geschriebene Rechtsordnung könnte in Form von Diebstahlsdelikten (zum Nachteil der o. g. Personen) tangiert sein (§§ 242 ff. StGB).

Die öffentliche Sicherheit ist berührt.

2. Voraussetzung – Gefahr im Einzelfall

Eine **Gefahr** ist ein ungewöhnlicher, regelwidriger Zustand, der den Eintritt eines Schadens für ein Rechtsgut in naher Zukunft wahrscheinlich macht. Wie dem Sachverhalt zu entnehmen ist, mustert die Person bereits Reisende beim Einsteigen am Bahnsteig. Falls jetzt polizeilich nicht eingeschritten wird, könnte es durch entsprechende Tathandlungen in allernächster Zeit zu einem Schaden kommen, d. h. die Reisenden werden bestohlen.

Somit liegt eine Gefahr vor.

3. Voraussetzung – Aufgabenbereich der BPOL

Die von der Person verursachten Gefahren liegen gem. §§ 1 II, 3 I Nr. 1 BPolG i. V. m. § 4 EBO i. V. m. 1 VII BPolG im präventiven **bahnpolizeilichen Aufgabenbereich**, da sie Gefahren für die Benutzer der Bahn darstellen. Somit befindet sich der Gefahrenanlass innerhalb der BPOL obliegenden präventiven Aufgaben.

Insgesamt liegt eine konkrete Gefahr vor, § 14 II S. 1 BPolG.

Ergebnis

Die Voraussetzungen für die Anwendung der IDF gem. § 23 I Nr. 1, III BPolG liegen insgesamt vor.

3.2 Adressat

Der P verursacht durch sein verdächtiges Verhalten (u. a. Mustern von Reisenden) eine Gefahr. Er ist der Verhaltensverantwortliche gem. § 17 I BPolG und somit richtiger Adressat meiner Maßnahme.

3.3 Allgemeine Rechtmäßigkeitsvoraussetzungen

– Verhältnismäßigkeit

Die Verhältnismäßigkeit der Maßnahme ergibt sich aus § 15 BPolG. Demnach muss die Maßnahme geeignet, erforderlich und angemessen sein.

Geeignet ist die Maßnahme dann, wenn diese objektiv-zwecktauglich ist, das polizeiliche Ziel zu erreichen. Die IDF ist grundsätzlich geeignet, die Gefährdung, die von der Person für die Reisenden ausgeht, zu unterbinden. Die Aufhebung der Anonymität wirkt abschreckend. Somit ist die Maßnahme geeignet.

Erforderlich ist die Maßnahme, wenn von mehreren geeigneten Maßnahmen diejenige getroffen wird, die den Einzelnen oder die Allgemeinheit am wenigsten beeinträchtigt. Die IDF ist die erkennbar mildeste Maßnahme, da diese zeitlich von kurzer Dauer ist und ihn nur geringfügig in seinen Grundrechten beeinträchtigt. Es gibt keine mildere Maßnahme im BPolG. Somit ist die Maßnahme erforderlich.

Angemessen ist die Maßnahme, wenn die Folge einer polizeilichen Maßnahme in einem angemessenen Verhältnis zum angestrebten Zweck steht. Auf der einen Seite wird durch die IDF die Freiheit der Person (Art. 2 II S. 2 GG) kurzfristig eingeschränkt (10 bis 15 Minuten). Zudem werden Daten erhoben und damit in sein Recht auf informationelle Selbstbestimmung gem. Art. 2 I i. V. m. 1 I GG eingegriffen.

Auf der anderen Seite soll durch die Maßnahme das Rechtsgut Eigentum gem. Art. 14 GG geschützt werden. Im Übrigen hat der P durch sein Verhalten das Einschreiten der Bundespolizisten erst erforderlich gemacht. Ein Missverhältnis ist hier nicht zu erkennen. Somit ist die Maßnahme auch angemessen und **insgesamt verhältnismäßig**.

4. Die Sicherstellung

Sachverhalt aus dem bahnpolizeilichen Aufgabenbereich: BPOLI Hamburg – Im Rahmen der Fußballanreisephase stellen Sie bei einem aggressiven Fan (F) dessen mitgeführten Baseballschläger sicher, um Ausschreitungen mit einer Gruppe gegnerischer Fans in unmittelbarer Umgebung zu verhindern. Kurze Zeit zuvor haben Sie dem F bereits einen Platzverweis aus dem Bahnhof erteilt. Dennoch hat er sich erneut in den Bahnhof begeben. Als der F Ihre Präsenz bemerkt, deutet er mit einem mitgeführten Baseballschläger in auffälliger Weise in Richtung gegnerischer Fans.

Gesetzestext (Auszug)

§ 47 BPolG (Sicherstellung)

Die Bundespolizei kann eine Sache sicherstellen,

1. um eine gegenwärtige Gefahr abzuwehren,
2. um den Eigentümer oder den rechtmäßigen Inhaber der tatsächlichen Gewalt vor Verlust oder Beschädigung einer Sache zu schützen oder
3. wenn sie von einer Person mitgeführt wird, die nach diesem Gesetz oder anderen Rechtsvorschriften festgehalten wird, und die Sache verwendet werden kann, um
   a) sich zu töten oder zu verletzen,
   b) Leben oder Gesundheit anderer zu schädigen,
   c) fremde Sachen zu beschädigen oder
   d) sich oder einem anderen die Flucht zu ermöglichen oder zu erleichtern.

4.1 Voraussetzungen

Bezogen auf den Sachverhalt wird hier nur auf § 47 Nr. 1 BPolG eingegangen. Voraussetzung ist eine gegenwärtige Gefahr. Dabei handelt es sich um eine konkrete Gefahr i. S. d. § 14 II S. 1 BPolG, bei der die Schadenswahrscheinlichkeit gesteigert ist.

Zunächst ein Überblick über die Voraussetzungen:

1. (gegenwärtige) Gefahr = Gefahrenzustand, der gegenüber der *normalen* Gefahr in zeitlicher Hinsicht gesteigert ist
2. für die öffentliche Sicherheit oder öffentliche Ordnung
3. im Aufgabenbereich der BPOL, §§ 1–7 BPolG

4.1.1 (gegenwärtige) Gefahr

Definition:

Eine gegenwärtige Gefahr ist ein ungewöhnlicher, regelwidriger Zustand, bei dem das schädigende Ereignis **bereits begonnen hat** oder der sofortige Eintritt eines Schadens mit an Sicherheit grenzender Wahrscheinlichkeit **in allernächster** Zeit zu erwarten ist.

Hilfestellung: Beantworten Sie in der Subsumtion folgende Hilfsfrage. Was genau ist der regelwidrige Zustand? – Gehen Sie hier auf das konkrete Fehlverhalten der Person ein. Was bedeutet das Fehlverhalten in Bezug auf die **Schadenswahrscheinlichkeit**? Falls polizeilich nicht eingeschritten wird, könnte **was** in allernächster Zukunft passieren? Hier ist es wichtig, die **erhöhte** Schadenswahrscheinlichkeit (im Vergleich zur konkreten Gefahr) herauszuarbeiten (zeitlicher Aspekt).

LERNVIDEO zu den Gefahrenarten

https://www.youtube.com/watch?v=58Ps4HRff_8

4.1.2 Öffentliche Sicherheit oder öffentliche Ordnung

Definition öffentliche Sicherheit:

Unter der öffentlichen Sicherheit versteht man den Schutz der Allgemeinheit oder des Einzelnen vor Schäden, die drohen:

1. dem Bestand und der Funktionsfähigkeit des Staates,
2. den Individual- und Universalrechtsgütern,
3. dem Schutz der gesamten Rechtsordnung.

Hilfestellung: Beantworten Sie in der Subsumtion folgende Hilfsfrage in Bezug zur öffentlichen Sicherheit. Welche der o. g. Elemente (1 bis 3) sind durch das Fehlverhalten der Person berührt? Oftmals ist der Punkt 2 (Individual- und Universalrechtsgüter) tangiert. Bei den Individualrechtsgütern sind oft das Eigentum und die körperliche Unversehrtheit betroffen. Bei den Universalrechtsgütern ist regelmäßig die Sicherheit des Bahnverkehrs oder Sicherheit der Grenze tangiert. Ist der Punkt 2 zu bejahen, ist regelmäßig auch der Punkt 3 näher zu betrachten. Bei der geschriebenen Rechtsordnung sollte stets die Frage beantwortet werden, ob möglicherweise das Strafgesetzbuch (StGB) berührt ist bzw. berührt sein könnte. Hintergrund ist, dass jeder Straftatbestand im StGB stets zumindest ein Rechtsgut schützt, z. B. schützen die Körperverletzungsdelikte (§§ 223 ff. StGB) das Rechtsgut körperliche Unversehrtheit.

Ob die Prüfung mit der Voraussetzung (öffentliche Sicherheit/Ordnung) begonnen wird oder mit der Gefahr, ist für den Klausurerfolg nicht entscheidend. Die Gefahr wird in diesem Schema an zweiter Stelle geprüft, denn die Gefahr steht nie allein da, sondern sie muss stets **für** etwas bestehen, nämlich die öffentliche Sicherheit/Ordnung.

Definition öffentliche Ordnung:

Unter der öffentlichen Ordnung versteht man ungeschriebene Normen, die ein geordnetes Zusammenleben in der Gesellschaft ermöglichen. Diese Wertvorstellungen sind wandelbar.

4.1.3 Aufgabenbereich der BPOL

Definition:

Der Gefahrenanlass muss sich im präventiven Aufgabenbereich der BPOL befinden, §§ 1–7 BPolG.

Hilfestellung: Diese Voraussetzung ähnelt der (präventiven) sachlichen Zuständigkeit. Es kommt hier im Kern darauf an, den relevanten Paragrafen der in Betracht kommenden präventiven Aufgabe zu benennen. Die Würdigung sollte auch eine kurze Begründung enthalten. Es ist nicht erforderlich, hier eine umfassende Subsumtion durchzuführen.

4.2 Formulierungsvorschlag

1. Entscheidung

1.1 Entscheidung zu präventivem oder repressivem Handeln

Ich sehe den F, wie dieser mit einem Baseballschläger in auffälliger Weise in Richtung gegnerischer Fans deutet. Durch dieses Verhalten sind die Rechtsgüter körperliche Unversehrtheit und ggf. sogar das Leben der gegnerischen Fans beeinträchtigt. Ein Schaden ist noch nicht eingetreten. Repressives Einschreiten ist nicht möglich. Ein Schadenseintritt steht jedoch unmittelbar bevor. Durch Schläge mit dem Baseballschläger könnte es zu erheblichen Verletzungen kommen. Präventives Einschreiten ist möglich. Es handelt sich um eine **bevorstehende RGV**. Ich schreite **präventiv** ein.

1.2 Benennung der zu treffenden Maßnahme

Ich stelle den Baseballschläger gem. § 47 Nr. 1 BPolG sicher.

2. Zuständigkeit

2.1 Sachliche Zuständigkeit

Die sachliche Zuständigkeit ergibt sich aus §§ 1 II, 3 I Nr. 1 BPolG, § 4 EBO, § 1 VII BPolG. Demnach hat die BPOL die Aufgabe, auf dem Gebiet der Bahnanlagen der Eisenbahnen des Bundes Gefahren für die öffentliche Sicherheit abzuwehren, die u. a. den Benutzern drohen. Der Bahnsteig des Bahnhofs ist eine Bahnanlage der Eisenbahn des Bundes. Die gegnerischen Fans sind Benutzer der Bahn.

Die räumliche Begrenzung der Sachaufgabe (auf das Gebiet der Bahnanlagen der Eisenbahnen des Bundes) wurde eingehalten gem. § 1 VII BPolG.

2.2 Örtliche Zuständigkeit

Die Streife ist zugehörig zur BPOLI Hamburg. Diese gehört zur BPOLD Hannover, welche gem. § 58 I BPolG i.V.m § 2 I Nr. 2 BPolZV in der Stadt Hamburg örtlich zuständig ist. Der Bahnhof Hamburg liegt in Hamburg. Somit ist die Streife auch örtlich zuständig.

LERNVIDEO zur örtlichen Zuständigkeit

https://www.youtube.com/watch?v=Vif60VvsyvA&t=767s

3. Eingriff

3.1 Befugnisnorm

Einleitender Obersatz

Gemäß Artikel 20 III GG (Vorbehalt des Gesetzes) bedarf es einer Rechtsgrundlage, um in die Rechte des Bürgers einzugreifen. Als Maßnahme in Bezug auf den Baseballschläger kommt eine Sicherstellung gemäß **§ 47 Nr. 1** BPolG zur Abwehr einer gegenwärtigen Gefahr in Betracht. Es handelt sich dabei um eine konkrete Gefahr i. S. d. § 14 II S. 1 BPolG, bei der die Schadenswahrscheinlichkeit gesteigert ist.

1. Voraussetzung – (gegenwärtige) Gefahr

Eine gegenwärtige Gefahr ist ein ungewöhnlicher, regelwidriger Zustand, bei der das schädigende Ereignis **bereits begonnen hat** oder der sofortige Eintritt eines Schadens mit an Sicherheit grenzender Wahrscheinlichkeit **in allernächster** Zeit zu erwarten ist.

Laut Sachverhalt deutet F, als er mich erblickt, in aggressiver Weise mit dem Baseballschläger auf die gegnerischen Fans. Falls jetzt polizeilich nicht eingeschritten wird, könnte der F in allernächster Zeit mit an Sicherheit grenzender Wahrscheinlichkeit auf die gegnerischen Fans treffen und es könnte zu erheblichen körperlichen Schäden bzw. Verletzungen führen. Dass der F dazu bereit ist, zeigt auch, dass er nach dem erteilten Platzverweis erneut in den Bahnhof kommt.

Somit liegt eine gegenwärtige Gefahr vor.

2. Voraussetzung – öffentliche Sicherheit/Ordnung

Unter der öffentlichen Sicherheit versteht man den Schutz der Allgemeinheit oder des Einzelnen vor Schäden, die drohen: **1.** dem Bestand und der Funktionsfähigkeit des Staates, **2.** den Individual- oder Universalrechtsgütern, **3.** den Schutz der gesamten geschriebenen Rechtsordnung.

Laut SV könnten die gegnerischen Fans erhebliche Verletzungen davontragen, wenn F mit dem Baseballschläger auf diese einschlägt. Dadurch sind die Individualrechtsgüter körperliche Unversehrtheit und ggf. sogar das Leben, der gegnerischen Fans betroffen. Durch das Verhalten des F kommen (zumindest) Körperverletzungsdelikte (§§ 223 ff. StGB) in Betracht, sodass auch die geschriebene Rechtsordnung betroffen wäre.

Somit besteht eine Gefahr für die öffentliche Sicherheit.

3. Voraussetzung – im Aufgabenbereich der BPOL

Der Aufgabenbereich der BPOL umfasst die §§ 1–7 BPolG. Laut SV liegt der Gefahrenanlass erkennbar auf dem Gebiet der Bahnanlagen der Eisenbahnen des Bundes und somit im bahnpolizeilichen Aufgabenbereich gem. § 3 I Nr. 1 BPolG.

Ergebnis

Somit liegen alle Voraussetzungen für die Sicherstellung des Baseballschlägers nach § 47 Nr. 1 BPolG vor.

3.2 Adressat

Der F verursacht die Gefahr durch die Handlungen mit dem Baseballschläger. Er ist Verhaltensverantwortlicher gem. § 17 I BPolG und somit richtiger Adressat meiner Maßnahme.

3.3 Allgemeine Rechtmäßigkeitsvoraussetzungen

– Verhältnismäßigkeit

Die Verhältnismäßigkeit der Maßnahme ergibt sich aus § 15 BPolG. Demnach muss die Maßnahme geeignet, erforderlich und angemessen sein.

Geeignet ist die Maßnahme dann, wenn diese objektiv-zwecktauglich ist, das polizeiliche Ziel zu erreichen. Die Sicherstellung des Baseballschlägers ist geeignet, Verletzungen der gegnerischen Fans zu verhindern. Somit ist die Maßnahme geeignet.

Erforderlich ist die Maßnahme, wenn von mehreren geeigneten Maßnahmen diejenige getroffen wird, die den Einzelnen oder die Allgemeinheit am wenigsten beeinträchtigt. Eine mildere Maßnahme, der Platzverweis, wurde laut Sachverhalt bereits getroffen. Der F kam jedoch erneut in den Bahnhof. Die Sicherstellung des Schlägers ist die nächstmögliche Maßnahme. Eine Gewahrsamnahme des F ist deutlich intensiver. Somit ist die Sicherstellung erforderlich.

Angemessen ist die Maßnahme, wenn die Folge einer polizeilichen Maßnahme in einem angemessenen Verhältnis zum angestrebten Zweck steht. Auf der einen Seite wird durch die Sicherstellung das Recht auf Eigentum des F (Art. 14 GG) eingeschränkt. Die Sicherstellung ist zeitlich befristet, zumindest auf die Anreise- und ggf. die Abreisephase. Danach kann er den Baseballschläger wiederhaben.

Auf der anderen Seite sollen durch die Maßnahme die Rechtsgüter körperliche Unversehrtheit (Art. 2 II S. 1 GG) und ggf. auch das Leben (Art. II S. 1 GG) der gegnerischen Fans geschützt werden. Ein Missverhältnis ist hier nicht zu erkennen. Im Übrigen verursacht der F durch sein Fehlverhalten unser Einschreiten. Somit ist die Maßnahme auch angemessen und **insgesamt verhältnismäßig**.

5. Der Platzverweis

Sachverhalt aus dem bahnpolizeilichen Aufgabenbereich: BPOLI Hamburg – Sie sind (im Rahmen Ihres Praktikums) am heutigen Tag zur Frühschicht eingesetzt. Sie und Ihr Kollege (erfahrener Stammbeamter) erhalten Kenntnis von folgendem Sachverhalt: Einige Reisende haben am Service-Point der DB AG darauf aufmerksam gemacht, dass am Haupteingang des Bahnhofs eine ätzende Flüssigkeit ausgelaufen ist. (Anmerkung: Dieser Bereich gehört zweifelsfrei zu den Bahnanlagen der Eisenbahnen des Bundes). Sie und Ihr Streifenkollege sollen den Einsatzort erreichen und alle erforderlichen Maßnahmen treffen. Dort angekommen, können Sie feststellen, dass sich im Bereich der rechten Tür eine ca. drei bis fünf Meter große Pfütze mit dieser Flüssigkeit befindet. Augenscheinlich haben in diesem Bereich vor kurzer Zeit Reinigungsarbeiten der DB AG stattgefunden. Sie fordern daher die umstehenden Personen auf, den Gefahrenbereich sofort zu verlassen und sperren den Eingangsbereich großräumig (mit Absperrband) ab. Ihnen ist durch die vergangenen Tage bekannt, dass es gerade in den Morgenstunden viele Berufspendler gibt, die den Bahnhof nutzen. Sie melden diesen Sachverhalt ihrer Leitstelle und warten auf Kräfte der Feuerwehr. Plötzlich erkennen Sie in ca. zehn Metern Entfernung den Reisenden (R), der hektisch und mit großem Tempo auf Sie und die Absperrung zuläuft. Bei Ihnen angekommen äußert er Ihnen gegenüber in lautem Ton: *Aus dem Weg, ich muss da jetzt schnell durch. Ich muss zu meinem Geschäftstermin!*

Gesetzestext (Auszug)

§ 38 BPolG (Platzverweisung)

Die Bundespolizei kann zur Abwehr einer Gefahr eine Person vorübergehend von einem Ort verweisen oder ihr vorübergehend das Betreten eines Ortes verbieten.

5.1 Voraussetzungen

Zunächst ein Überblick:

1. Öffentliche Sicherheit oder öffentliche Ordnung
2. Gefahr (im Einzelfall)
3. Aufgabenbereich der BPOL, §§ 1–7 BPolG

Die Rechtsfolge umfasst folgende Möglichkeiten:

- vorübergehend von einem Ort verweisen
- vorübergehend das Betreten eines Ortes verbieten

5.1.1 Öffentliche Sicherheit oder Ordnung

Definition öffentliche Sicherheit:

Unter der öffentlichen Sicherheit versteht man den Schutz der Allgemeinheit oder des Einzelnen vor Schäden, die drohen:

1. dem Bestand und der Funktionsfähigkeit des Staates,
2. den Individual- und Universalrechtsgütern,
3. dem Schutz der gesamten Rechtsordnung.

Hilfestellung: Beantworten Sie in der Subsumtion folgende Hilfsfrage in Bezug zur öffentlichen Sicherheit.

Welche der o. g. Elemente (1 bis 3) sind durch das Fehlverhalten der Person berührt? Oftmals ist der Punkt 2 (Individual- und Universalrechtsgüter) tangiert. Bei den Individualrechtsgütern sind oft das Eigentum und die körperliche Unversehrtheit betroffen. Bei den Universalrechtsgütern ist regelmäßig die Sicherheit des Bahnverkehrs oder Sicherheit der Grenze tangiert. Ist der Punkt 2 zu bejahen, ist regelmäßig auch der Punkt 3 näher zu betrachten.

Bei der geschriebenen Rechtsordnung sollte stets die Frage beantwortet werden, ob möglicherweise das Strafgesetzbuch (StGB) berührt ist bzw. berührt sein könnte. Hintergrund ist, dass jeder Straftatbestand im StGB stets zumindest ein Rechtsgut benennt, z. B. schützen die Körperverletzungsdelikte (§§ 223 ff. StGB) das Rechtsgut körperliche Unversehrtheit[14].

Ob die Prüfung mit der Voraussetzung (öffentliche Sicherheit/ öffentliche Ordnung) begonnen wird oder mit der Gefahr, ist für den Klausurerfolg nicht entscheidend. Die Gefahr wird in diesem Schema an zweiter Stelle geprüft, denn die Gefahr steht nie allein da, sondern sie muss stets **für** etwas bestehen, nämlich für die öffentliche Sicherheit oder öffentliche Ordnung. Eine andere Vorgehensweise führt auch zum Ziel. Man kann z. B. auch zuerst die Gefahr prüfen und dann die öffentliche Sicherheit/öffentliche Ordnung.

Definition öffentliche Ordnung:

Unter der öffentlichen Ordnung versteht man ungeschriebene Normen, die ein geordnetes Zusammenleben in der Gesellschaft ermöglichen. Diese Wertvorstellungen sind wandelbar.

5.1.2 Gefahr (im Einzelfall)

Definition:

Eine Gefahr ist ein ungewöhnlicher, regelwidriger Zustand, der den Eintritt eines Schadens für ein Rechtsgut in naher Zukunft wahrscheinlich macht.

Hilfestellung: Beantworten Sie in der Subsumtion folgende Hilfsfragen. Was genau ist der regelwidrige Zustand? – Gehen Sie hier auf das konkrete Fehlverhalten der Person ein. Was bedeutet das Fehlverhalten in Bezug auf die **Schadenswahrscheinlichkeit**? Falls polizeilich nicht eingeschritten wird, könnte **was** in allernächster Zukunft passieren?

14 Artikel 2 Absatz 2 Satz 1 Grundgesetz.

5.1.3 Aufgabenbereich der BPOL

- Der Gefahrenanlass muss sich im präventiven Aufgabenbereich befinden, §§ 1–7 BPolG.

Hilfestellung: Diese Voraussetzung ähnelt der (präventiven) sachlichen Zuständigkeit. Es kommt hier im Kern darauf an, den relevanten Paragrafen der in Betracht kommenden präventiven Aufgabe zu benennen. Die Würdigung sollte auch eine kurze Begründung enthalten. Es ist nicht erforderlich, hier eine umfassende Subsumtion durchzuführen.

Lernvideo zu § 38 BPolG

https://www.youtube.com/watch?v=9ZrRHeP7cEM&t=602s

Merke:

Diese drei Voraussetzungen stellen die konkrete, typische Bundespolizeigefahr dar (auch 3-stufige Polizeigefahr genannt, gem. § 14 II S. 1 BPolG).

5.2 Formulierungsvorschlag

1. Entscheidung

1.1 Entscheidung zu präventivem oder repressivem Handeln

Der R kommt mit großem Tempo auf mich zu. Er äußert, dass er schnell durch den Eingangsbereich muss aufgrund eines Geschäftstermins. Sofern er durch die Absperrung durchbricht, könnte er in die ätzende Flüssigkeit treten oder deren Dämpfe einatmen und sich dadurch schwer verletzen. Durch dieses Verhalten sind die Rechtsgüter körperliche Unversehrtheit und ggf. das Leben des R gefährdet. Ein Schaden ist noch nicht eingetreten. Repressives Einschreiten ist nicht möglich. Ein Schadenseintritt steht durch die Pfütze mit ätzender Flüssigkeit und dem geplanten Durchlaufen des R unmittelbar bevor. Präventives Einschreiten ist möglich. Es handelt sich um eine **bevorstehende** RGV. Ich schreite **präventiv** ein.

1.2 Benennung der zu treffenden Maßnahme

Ich verbiete dem R das Durchlaufen der Absperrung und weise ihn an, den Gefahrenbereich zu verlassen. Als Maßnahme kommt der Platzverweis gem. § 38 i. V. m. 14 II S. 1 BPolG in Betracht.

2. Zuständigkeit

2.1 Sachliche Zuständigkeit

Die sachliche Zuständigkeit ergibt sich aus §§ 1 II, 3 I Nr. 1 BPolG, § 4 EBO, § 1 VII BPolG. Demnach hat die BPOL die Aufgabe, auf dem Gebiet der Bahnanlagen der Eisenbahnen des Bundes Gefahren für die öffentliche Sicherheit abzuwehren, die u. a. den Benutzern drohen. Die ätzende Flüssigkeit ist eine Gefahr für den Reisenden R. Der Haupteingang bzw. die Bahnhofshalle des Bahnhofs ist (zweifelsfrei) eine Bahnanlage der Eisenbahn des Bundes.

Die räumliche Begrenzung der Sachaufgabe (auf das Gebiet der Bahnanlagen der Eisenbahnen des Bundes) wurde eingehalten gem. § 1 VII BPolG.

2.2 Örtliche Zuständigkeit

Die Streife ist zugehörig zur BPOLI Hamburg. Diese gehört zur BPOLD Hannover, welche gem. § 58 I BPolG i.V.m § 2 I Nr. 2 BPolZV in der Stadt Hamburg örtlich zuständig ist. Der Bahnhof Hamburg (Ereignisort) liegt in Hamburg. Somit ist die Streife auch örtlich zuständig.

3. Eingriff

3.1 Befugnisnorm

Einleitender Obersatz

Gemäß Artikel 20 III GG (Vorbehalt des Gesetzes) bedarf es einer Rechtsgrundlage, um in die Rechte des Bürgers einzugreifen. Die mündliche Aufforderung an den R könnte sich auf den Platzverweis gem. § 38 BPolG stützen. Hierzu müsste eine Gefahr i. S. d. § 14 II 1 BPolG vorliegen, d. h. in der Ausprägung einer konkreten Gefahr für die öffentliche Sicherheit oder Ordnung innerhalb des Aufgabenbereichs der BPOL.

1. Voraussetzung – öffentliche Sicherheit, Würdigung mit dem 3er-Schritt[15] der Subsumtion

Unter der **öffentlichen Sicherheit** versteht man den Schutz der Allgemeinheit oder des Einzelnen vor Schäden, die drohen: 1. dem Bestand und der Funktionsfähigkeit des Staates, 2. den Individual- und Universalrechtsgütern, 3. dem Schutz der gesamten Rechtsordnung. Wenn der R die Absperrung durchbricht und in die ätzende Pfütze tritt, könnten die Individualrechtsgüter körperliche Unversehrtheit und ggf. Leben des R betroffen sein.

Die öffentliche Sicherheit ist (zweifelsfrei) berührt.

2. Voraussetzung – Gefahr im Einzelfall

Eine **Gefahr** ist ein ungewöhnlicher, regelwidriger Zustand, der den Eintritt eines Schadens für ein Rechtsgut in naher Zukunft wahrscheinlich macht. Falls jetzt polizeilich nicht eingeschritten wird, könnte der R die Absperrung durchbrechen und es hängt nur noch vom Zufall ab, bis er ggf. in die Pfütze tritt oder die Dämpfe einatmet. Es könnte also in allernächster

---

15 Der sog. 3er-Schritt beinhaltet die Definition, Subsumtion und das Ergebnis. Alternative Bezeichnungen sind: ansprechen, bewerten, folgern. Auf die Darstellung des Obersatzes (4er-Schritt) wurde aus Gründen der Übersichtlichkeit verzichtet.

Zeit zu einem Schaden kommen, d. h. er könnte lebensbedrohlich verletzt werden.

Somit liegt eine Gefahr vor.

3. Voraussetzung – Aufgabenbereich der BPOL

Die von R verursachten Gefahren liegen gem. §§ 1 II, 3 I Nr. 1 BPolG i. V. m. § 4 EBO i. V. m. § 1 VII BPolG im präventiven **bahnpolizeilichen Aufgabenbereich**. Somit befindet sich der Gefahrenanlass innerhalb der BPOL obliegenden präventiven Aufgaben.

Insgesamt liegt eine konkrete Gefahr vor, § 14 II 1 BPolG.

Ergebnis

Die Voraussetzungen für die Anwendung des Platzverweises liegen insgesamt vor.

3.2 Adressat

Der R verursacht durch den versuchten Durchbruch durch die Absperrung die Gefahr. Er ist der Verhaltensverantwortliche gem. § 17 I BPolG und somit richtiger Adressat meiner Maßnahme.

3.3 Allgemeine Rechtmäßigkeitsvoraussetzungen

– Verhältnismäßigkeit

Die Verhältnismäßigkeit der Maßnahme ergibt sich aus § 15 BPolG. Demnach muss die Maßnahme geeignet, erforderlich und angemessen sein.

Geeignet ist die Maßnahme dann, wenn diese objektiv-zwecktauglich ist, das polizeiliche Ziel zu erreichen. Das an den R gerichtete Verbot, die Absperrung zu durchlaufen und anzuweisen, den Gefahrenbereich zu verlassen, ist grundsätzlich geeignet, die Gefährdung seiner Person durch ein Hineintreten in die Pfütze oder das Einatmen der Dämpfe der Pfütze zu unterbinden. Somit ist die Maßnahme geeignet.

Erforderlich ist die Maßnahme, wenn von mehreren geeigneten Maßnahmen diejenige getroffen wird, die den Einzelnen oder die

Allgemeinheit am wenigsten beeinträchtigt. Der Platzverweis ist die erkennbar mildeste Maßnahme, da dieser die körperliche Fortbewegungsfreiheit nur im Hinblick auf die Absperrung einschränkt. Der R kann sich weiterhin im restlichen Bahnhof bewegen und einen anderen Ausgang suchen. Die geringe zeitliche Verzögerung in Bezug auf den Gesprächstermin ist hinzunehmen und vertretbar. Es gibt keine mildere Maßnahme im BPolG. Somit ist die Maßnahme erforderlich.

Angemessen ist die Maßnahme, wenn die Folge einer polizeilichen Maßnahme in einem angemessenen Verhältnis zum angestrebten Zweck steht. Auf der einen Seite wird durch den Platzverweis die Freiheit des R (Art. 2 II 2 GG) eingeschränkt → sog. **Freiheitsbeschränkung**. Dies jedoch nur kurzfristig. Er kann sich weiterhin im Bahnhof frei bewegen, nur nicht im Gefahrenbereich. Eine leichte Verspätung bzgl. des Gesprächstermins ist verkraftbar. Er kann einen anderen Ausgang wählen. Insoweit ist der Eingriff – auch in zeitlicher Hinsicht – nicht zu intensiv.

Auf der anderen Seite sollen durch die Maßnahme die Rechtsgüter körperliche Unversehrtheit des R gem. Art. 2 II S. 1 GG sowie das Leben gem. Art. 2 II S. 1 GG geschützt werden. Er selber verursacht die Gefahr für sich, indem er versucht, durch eine erkennbare Polizeiabsperrung durchzubrechen. Ein Missverhältnis zwischen Folge und Zweck ist hier nicht zu erkennen.

Somit ist die Maßnahme auch angemessen und **insgesamt verhältnismäßig**.

Kapitel 3 Repressive Befugnisse

1. Die Identitätsfeststellung beim Tatverdächtigen[16]

Sachverhalt aus dem bahnpolizeilichen Aufgabenbereich: BPOLI Hamburg – Sie beobachten als Streife folgende Situation: Eine männliche Person (P) schlägt am Bahnsteig (ohne erkennbaren Grund) mit der Faust gegen die Scheibe des Fahrplanaushanges. Dadurch entsteht an der Scheibe ein etwa 30 cm langer Riss. Der P entfernt sich anschließend vom Tatort.

Gesetzestext (Auszug)

§ 163 b StPO (Maßnahmen zur Identitätsfeststellung)

(1) Ist jemand einer Straftat verdächtig, so können die Staatsanwaltschaft und die Beamten des Polizeidienstes die zur Feststellung seiner Identität erforderlichen Maßnahmen treffen; § 163 a Abs. 4 Satz 1 gilt entsprechend. Der Verdächtige darf festgehalten werden, wenn die Identität sonst nicht oder nur unter erheblichen Schwierigkeiten festgestellt werden kann. Unter den Voraussetzungen von Satz 2 sind auch die Durchsuchung der Person des Verdächtigen und der von ihm mitgeführten Sachen sowie die Durchführung erkennungsdienstlicher Maßnahmen zulässig.

1.1 Voraussetzungen

Zunächst ein Überblick:

1. Tatverdacht
2. Tatverdächtiger

16 Die gängige Abkürzung ist IDF.

1.1.1 Tatverdacht

Definition:

Ein Tatverdacht liegt dann vor, wenn zureichende tatsächliche Anhaltspunkte für eine verfolgbare Straftat vorliegen, § 152 II StPO[17].

Hilfestellung: Beantworten Sie in der Subsumtion folgende Hilfsfragen. Was ist die konkrete Tathandlung? Welche verfolgbare Straftat kommt hier in Betracht? Benennen Sie diese so konkret wie möglich. Eine ausführliche Prüfung dieser Straftat in Form des bekannten Strafbarkeitsschemas (T-R-S[18]) wird in der Regel nicht verlangt.

1.1.2 Tatverdächtiger

Definition:

Tatverdächtiger[19] ist die Person, die als Täter oder Teilnehmer einer verfolgbaren Straftat in Betracht kommt.

Hilfestellung: Beantworten Sie in der Subsumtion folgende Hilfsfragen. Wer ist die Person (oder ggf. auch Personen), bei der der Verdacht vorliegt? Wodurch kommen die handelnden PVB zum Schluss, dass der Verdacht sich gegen die Person X richtet? Sind es eigene Wahrnehmungen/Beobachtungen; hat die Streife die Tatausführung sehen können oder sind es Mitteilungen durch Zeugen, die den Vorfall beobachtet haben und im Anschluss daran auf Sie zukommen?

17 Die Definition befindet sich als sog. *Legaldefinition* in der StPO. Die drei entscheidenden Wörter sind: zureichende tatsächliche Anhaltspunkte.

18 Tatbestandsmäßigkeit, Rechtswidrigkeit, Schuld.

19 Hier der sog. Normadressat – Tatverdächtiger.

1.2 Formulierungsvorschlag

Nun zum Sachverhalt mit der Person (P), die mit der Faust gegen die Scheibe des Fahrplanaushangs schlägt.

1. Entscheidung

1.1 Entscheidung zu präventivem oder repressivem Handeln

Am Hauptbahnhof Hamburg schlägt eine Person auf die Scheibe des Fahrplankastens, wodurch ein 30 cm langer Riss auf der Scheibe entsteht. Die Person läuft weg.

Das Rechtsgut Eigentum der DB AG ist bereits verletzt. Es handelt sich hierbei um eine Sachbeschädigung gem. § 303 I StGB.

Repressives Einschreiten ist möglich. Eine Schadensvertiefung kann ausgeschlossen werden, da die Person flieht. Dadurch ist präventives Einschreiten nicht mehr möglich.

Es handelt sich um eine **abgeschlossene** Rechtsgutverletzung.

Somit handele ich **repressiv**.

1.2 Benennung der zu treffenden Maßnahme

Als Maßnahme kommt hier die IDF gem. § 163 b I StPO in Betracht.

2. Zuständigkeit

2.1 Sachliche Zuständigkeit

Die sachliche Zuständigkeit ergibt sich aus §§ 1 II, 12 I Nr. 5 BPolG i. V. m. § 4 EBO i. V. m. § 163 I StPO i. V. m. § 12 II S. 1 BPolG.

Demnach nimmt die BPOL die polizeilichen Aufgaben auf dem Gebiet der Strafverfolgung gemäß dem Legalitätsprinzip (§ 163 I StPO) wahr, soweit der Verdacht eines Vergehens (§ 12 II StGB) besteht, das auf dem Gebiet der Bahnanlagen der Eisenbahnen des Bundes begangen wurde und sich gegen das Vermögen der Bahn richtet.

Die Sachbeschädigung nach § 303 I StGB ist ein Vergehen und richtet sich gegen das Vermögen der DB AG.

Die Tat fand auf dem Hauptbahnhof Hamburg statt, einer Bahnanlage i. S. d. § 4 EBO, die zur DB AG gehört. Die räumliche Begrenzung der Sachaufgabe auf das Gebiet der Eisenbahnen des Bundes wurde eingehalten (§ 12 II S. 1 BPolG).

Somit bin ich sachlich zuständig.

LERNVIDEO zur repressiven Zuständigkeit

https://www.youtube.com/watch?v=W4JaCepC_Fo&t=77s

2.2 Örtliche Zuständigkeit

Ich bin zugehörig zur BPOLI Hamburg. Diese gehört zur BPOLD Hannover, welche gem. § 58 I BPolG i.V.m § 2 I Nr. 2 BPolZV in der Stadt Hamburg örtlich zuständig ist. Der Bahnhof Hamburg liegt in Hamburg. Somit bin ich auch örtlich zuständig.

3. Eingriff

3.1 Befugnisnorm

Einleitender Obersatz

Gemäß Artikel 20 III GG (Vorbehalt des Gesetzes) bedarf es einer Rechtsgrundlage, um in die Rechte des Bürgers einzugreifen. Ich fordere den P auf, anzuhalten und mitgeführte Identitätsdokumente auszuhändigen. Diese IDF könnte sich auf § 163 b I StPO stützen. Dafür müsste ein Tatverdacht vorliegen und P müsste Tatverdächtiger sein.

1. Voraussetzung – Tatverdacht

Ein **Tatverdacht** liegt dann vor, wenn zureichende tatsächliche Anhaltspunkte für eine verfolgbare Straftat vorliegen, § 152 II StPO. P hat auf die Scheibe des Fahrplanaushangs eingeschlagen, wodurch ein 30 cm langer Riss entstanden ist. Durch diese Handlung kommt eine Sachbeschädigung gem. § 303 I StGB in Betracht.

Somit liegt ein Tatverdacht vor.

2. Voraussetzung – Tatverdächtiger

Tatverdächtiger ist die Person, die als Täter oder Teilnehmer einer verfolgbaren Straftat in Betracht kommt. Ich habe als Streife den P beim Einschlagen mit der Faust auf den Fahrplanaushang beobachten können. Er kommt als Tatverdächtiger der Sachbeschädigung in Betracht.

Somit ist der P auch Tatverdächtiger.

Ergebnis

Die Voraussetzungen für die IDF gem. § 163 b I StPO liegen somit vor. Ich darf daher die Person anhalten und auffordern, mir mitgeführte Identitätsdokumente zur Prüfung auszuhändigen.

3.2 Adressat

Der Adressat ergibt sich bei repressiven Maßnahmen stets aus der Norm selbst. Hier ist der Adressat der Tatverdächtige P. Somit ist er der richtige Adressat der IDF.

3.3 Allgemeine Rechtmäßigkeitsvoraussetzungen

– Verhältnismäßigkeit

Die Verhältnismäßigkeit der Maßnahme ergibt sich aus Art. 20 III GG. Demnach muss die Maßnahme geeignet, erforderlich und angemessen sein.

Geeignet ist die Maßnahme dann, wenn diese objektiv-zwecktauglich ist, das polizeiliche Ziel zu erreichen. Die IDF ist geeignet, das Strafverfahren zu sichern. Somit ist die Maßnahme geeignet.

Erforderlich ist die Maßnahme, wenn von mehreren geeigneten Maßnahmen diejenige getroffen wird, die den Einzelnen oder die Allgemeinheit am wenigsten beeinträchtigt. Eine mildere Maßnahme als die IDF gem. § 163 b I StPO gibt es nicht. Somit ist die Sicherstellung erforderlich.

Angemessen ist die Maßnahme, wenn die Folge einer polizeilichen Maßnahme in einem angemessenen Verhältnis zum angestrebten Zweck steht. Auf der einen Seite wird durch die IDF das Recht auf Freiheit der Person (Art. 2 II S. 2 GG) eingeschränkt. Dies aber nur kurzfristig (10 bis 15 Minuten). Durch die Datenerhebung wird ebenso das Recht auf informationelle Selbstbestimmung gem. Art. 2 I i. V. m. 1 I GG eingeschränkt. Der P hat im Übrigen die Ursache für unser Einschreiten gesetzt.

Auf der anderen Seite sollen durch die Maßnahme der Strafverfolgungsanspruch des Staates geschützt werden sowie das Rechtsgut Eigentum der DB AG (Art. 14 GG).

Ein Missverhältnis ist hier nicht zu erkennen.

Somit ist die Maßnahme auch angemessen und **insgesamt verhältnismäßig**.

2. Die Beschlagnahme von Beweismitteln

Sachverhalt aus dem bahnpolizeilichen Aufgabenbereich: BPOLI Hamburg – Sie nehmen als Streife folgende Situation wahr. Eine männliche Person (P) besprüht am Bahnsteig des Hauptbahnhofes gerade die Außenwand eines Fahrausweisautomaten (FAA) mit einer Spraydose. Sie können die Person stellen und fordern diese auf, unverzüglich damit aufzuhören. Der P ist kooperativ und legt die Spraydose auf den Boden. Sie führen eine IDF gem. § 163 b I StPO durch und überlegen nun, welche strafprozessuale Maßnahme Sie in Bezug auf die Spraydose treffen können bzw. müssen.

LERNVIDEO zur Unterscheidung Sicherstellung/Beschlagnahme

https://www.youtube.com/watch?v=dazoIG8za4k&t=95s

Gesetzestext (Auszug)

§ 94 StPO (Sicherstellung und Beschlagnahme von Gegenständen zu Beweiszwecken)

(1) Gegenstände, die als Beweismittel für die Untersuchung von Bedeutung sein können, sind in Verwahrung zu nehmen oder in anderer Weise sicherzustellen.

(2) Befinden sich die Gegenstände in dem Gewahrsam einer Person und werden sie nicht freiwillig herausgegeben, so bedarf es der Beschlagnahme.

§ 98 StPO (Verfahren bei der Beschlagnahme)

(1) Beschlagnahmen dürfen nur durch das Gericht, bei Gefahr im Verzug auch durch die Staatsanwaltschaft und ihre Ermittlungspersonen (§ 152 des Gerichtsverfassungsgesetzes) angeordnet werden.

2.1 Voraussetzungen der einfachen (formlosen) Sicherstellung, § 94 I StPO

Der Vollständigkeit halber werden auch die Voraussetzungen der Sicherstellung nach § 94 I StPO dargestellt. Zunächst die diesbezüglichen Voraussetzungen im Überblick:

1. Tatverdacht
2. Beweismittel
3. Gewahrsamslos **oder** freiwillige Herausgabe

2.1.1 Tatverdacht

Definition:

Tatverdacht ist gegeben, wenn zureichende tatsächliche Anhaltspunkte für eine verfolgbare Straftat vorliegen (§ 152 II StPO). → *Hilfsfragen, siehe § 163 b I StPO*

2.1.2 Beweismittel

Definition:

Beweismittel sind alle beweglichen und unbeweglichen Sachen, die unmittelbar oder mittelbar für die Tat oder die Umstände ihrer Begehung Beweis erbringen. Es muss die Möglichkeit bestehen, dass der Gegenstand zu Untersuchungszwecken verwendet werden kann (potenzielle Beweisbedeutung).

Hilfestellung: Beantworten Sie in der Subsumtion folgende Hilfsfragen. Ist die Sache beweglich oder unbeweglich? → kurze Feststellung genügt! Inwieweit besteht die Möglichkeit, den Tatnachweis oder ggf. die Unschuld des Täters durch den Gegenstand zu beweisen? → Hier sollten Sie gedanklich einen kleinen „Ausflug" zur Kriminalistik machen und die Frage beantworten, welche Spuren auf dem Gegenstand vorhanden sein könnten.

Formulierung eines Zwischenergebnisses:

Somit besteht gem. § 94 I StPO eine Sicherstellungs**pflicht**.

2.1.3 Gewahrsamslos oder freiwillige Herausgabe

Definition gewahrsamslos:

Gewahrsamslos ist ein Gegenstand, wenn niemand die tatsächliche Sachherrschaft (Herrschaftsmöglichkeit und -willen) darüber ausübt.

Gewahrsamslos sind insbesondere Tatwerkzeuge, die vom Täter zurückgelassen werden.

Definition freiwillige Herausgabe:

Ein Gegenstand wird freiwillig herausgegeben, wenn die Herausgabe aus eigenem Antrieb oder stillschweigend mit innerer Bereitschaft erfolgt.

Es muss sich hierbei jedoch um einen **echten freien** Willen der Person handeln. Es reicht insbesondere nicht aus, dass der Gewahrsamsinhaber in Anbetracht der heraneilenden Bundespolizisten einer Herausgabe zustimmt.

2.2 Voraussetzungen der förmlichen Beschlagnahme, §§ 94 I, II i. V. m. 98 StPO

Zunächst ein Überblick über die Voraussetzungen:

1. Tatverdacht
2. Beweismittel
3. Im Gewahrsam einer Person **und** unfreiwillige Herausgabe
4. Anordnungsbefugnis

2.2.1 Tatverdacht

Definition:

Tatverdacht ist gegeben, wenn zureichende tatsächliche Anhaltspunkte für eine verfolgbare Straftat vorliegen (§ 152 II StPO). → *Hilfsfragen, siehe § 163 b I StPO*

2.2.2 Beweismittel

Definition:

Beweismittel sind alle beweglichen und unbeweglichen Sachen, die unmittelbar oder mittelbar für die Tat oder die Umstände ihrer Begehung Beweis erbringen. Es muss die Möglichkeit bestehen, dass der Gegenstand zu Untersuchungszwecken verwendet werden kann (potenzielle Beweisbedeutung). → *Hilfsfragen, siehe § 94 I StPO*

Formulierung eines Zwischenergebnisses:

Somit besteht gem. § 94 I StPO eine Sicherstellungs**pflicht**.

2.2.3 Im Gewahrsam einer Person und[20] unfreiwillige Herausgabe

Definition Gewahrsam:

Gewahrsam liegt vor, wenn jemand[21] über den Gegenstand tatsächliche Herrschaftsgewalt (Herrschaftswillen und -möglichkeit) ausübt.

Definition unfreiwillige Herausgabe:

Ein Gegenstand wird nicht freiwillig herausgegeben, wenn die Herausgabe nicht aus eigenem Antrieb oder stillschweigend mit innerer Bereitschaft erfolgt.

Hilfestellung: Beantworten Sie in der Subsumtion folgende Hilfsfragen.

→ Bezüglich des Gewahrsams: Hat der Gewahrsamsinhaber einen tatsächlichen Zugriffswillen und eine unmittelbare Zugriffsmöglichkeit auf den Gegenstand?

→ Bezüglich der nicht freiwilligen Herausgabe: Gibt es im Sachverhalt Hinweise, dass hier eine echte Freiwilligkeit zur Herausgabe des Gegenstandes vorliegt?

→ Bei Straftätern ist grundsätzlich von einer unfreiwilligen Herausgabe auszugehen.

2.2.4 Anordnungsbefugnis, § 98 I StPO

- **Einstiegssatz:** Die Anordnung der Beschlagnahme obliegt gem. § 98 I StPO grundsätzlich dem Richter, nur bei Gefahr im Verzug u. a. den Ermittlungspersonen der Staatsanwaltschaft (§ 12 V BPolG).

---

20 Hier ist daran zu denken, dass beide Voraussetzungen vorliegen und damit geprüft werden müssen.

21 Hier der sog. Normadressat – der Gewahrsamsinhaber.

Definition Gefahr im Verzug:

Gefahr im Verzug liegt vor, wenn der Erfolg der Beschlagnahme durch die Verzögerung, die die Erwirkung der richterlichen Entscheidung mit sich bringen würde, gefährdet wäre.

Definition Ermittlungspersonen:

Ermittlungspersonen der StA sind gem. § 12 V BPolG alle PVB der BPOL, die mindestens vier Jahre[22] dem Polizeivollzugsdienst angehören.

Hilfestellung: Beantworten Sie in der Subsumtion folgende Hilfsfragen:

→ Bezüglich der Gefahr im Verzug: Was könnte der Gewahrsamsinhaber in der Zwischenzeit mit dem Beweismittel machen, wenn die Polizei eine richterliche Beschlagnahmeanordnung einholt (z. B. das Beweismittel vernichten)?

→ Bezüglich der Ermittlungspersonen: Spricht laut Sachverhalt etwas gegen die Annahme, dass die PVB nicht vier Jahre dem Polizeivollzugsdienst angehören?

2.3 Formulierungsvorschlag

Nun zum Sachverhalt mit der Person (P), die gerade dabei ist, die Außenwand des FAA mit einer Spraydose zu besprühen.

1. Entscheidung

1.1 Entscheidung zu präventivem oder repressivem Handeln

Der P besprüht mit einer Spraydose die Außenwand eines FAA. Wir können den P stellen. Die Person legt die Spraydose aus der Hand.

Das Rechtsgut Eigentum der DB AG ist bereits verletzt. Es handelt sich hierbei (zumindest) um eine Sachbeschädigung gem. § 303 II StGB.

Repressives Einschreiten ist möglich. Eine Schadensvertiefung kann ausgeschlossen werden, da die Person nach unserer Anspra-

22 Inklusive Ausbildung.

che damit aufgehört hat. Dadurch ist präventives Einschreiten nicht mehr möglich.

Es handelt sich um eine **abgeschlossene** Rechtsgutverletzung.

Somit handele ich **repressiv**.

1.2 Benennung der zu treffenden Maßnahme

Als verfahrenssichernde Maßnahme in Bezug auf die Spraydose kommt hier die Beschlagnahme gem. §§ 94 I, II i. V. m. 98 StPO in Betracht.

2. Zuständigkeit

2.1 Sachliche Zuständigkeit

Die sachliche Zuständigkeit ergibt sich aus §§ 1 II, 12 I Nr. 5 BPolG i. V. m. § 4 EBO i. V. m. § 163 I StPO i. V. m. § 12 II S. 1 BPolG.

Demnach nimmt die BPOL die polizeilichen Aufgaben auf dem Gebiet der Strafverfolgung gemäß dem Legalitätsprinzip (§ 163 I StPO) wahr, soweit der Verdacht eines Vergehens (§ 12 II StGB) besteht, das auf dem Gebiet der Bahnanlagen der Eisenbahnen des Bundes begangen wurde und sich gegen das Vermögen der Bahn richtet.

Die Sachbeschädigung nach § 303 II StGB ist ein Vergehen und richtet sich gegen das Vermögen der DB AG.

Die Tat fand auf dem Hauptbahnhof Hamburg statt, einer Bahnanlage i. S. d. § 4 EBO, die zur DB AG gehört. Die räumliche Begrenzung der Sachaufgabe auf das Gebiet der Eisenbahnen des Bundes wurde eingehalten (§ 12 II S. 1 BPolG).

Somit bin ich sachlich zuständig.

2.2 Örtliche Zuständigkeit

Ich bin zugehörig zur BPOLI Hamburg. Diese gehört zur BPOLD Hannover, welche gem. § 58 I BPolG i.V.m § 2 I Nr. 2 BPolZV in der Stadt Hamburg örtlich zuständig ist. Der Bahnhof Hamburg liegt in Hamburg. Somit bin ich auch örtlich zuständig.

3. Eingriff

3.1 Befugnisnorm

Einleitender Obersatz

Gemäß Artikel 20 III GG (Vorbehalt des Gesetzes) bedarf es einer Rechtsgrundlage, um in die Rechte des Bürgers einzugreifen. Als Befugnisnorm kommt die Beschlagnahme der Spraydose gem. §§ 94 I, II i. V. m. 98 I StPO in Betracht.

1. Voraussetzung – Tatverdacht

Tatverdacht ist gegeben, wenn zureichende tatsächliche Anhaltspunkte für eine verfolgbare Straftat vorliegen (§ 152 II StPO). Durch das Besprühen des FFA kommt hier eine Sachbeschädigung gem. § 303 II StGB in Betracht.

2. Voraussetzung – Beweismittel

Beweismittel sind alle beweglichen und unbeweglichen Sachen, die unmittelbar oder mittelbar für die Tat oder die Umstände ihrer Begehung Beweis erbringen. Es muss die Möglichkeit bestehen, dass der Gegenstand zu Untersuchungszwecken verwendet werden kann (potenzielle Beweisbedeutung). Die Person hat die Spraydose zum Besprühen des FAA benutzt. Dieser Umstand wurde von mir bei der Annäherung beobachtet. Es könnten sich Fingerspuren auf der Dose befinden; auch könnte ein Farbvergleich ergeben, dass diese Spraydose für das Besprühen des FAA benutzt wurde. Dadurch wäre der Nachweis der Täterschaft der Person erbracht.

Damit ist die Spraydose als Beweismittel für das Strafverfahren von Bedeutung.

Zwischenergebnis zur Sicherstellungspflicht

Somit besteht auch gem. § 94 I StPO eine Sicherstellungspflicht hinsichtlich der Spraydose.

3. Voraussetzung – Gewahrsam und nicht freiwillige Herausgabe

Gewahrsam liegt vor, wenn jemand über den Gegenstand tatsächliche Herrschaftsgewalt (Herrschaftswillen und -möglichkeit) ausübt. Die Person hat die Dose bei sich und hat auch damit gesprüht. Er hat nach meiner Aufforderung die Dose zwar abgestellt, seinen Herrschaftswillen aber nicht aufgegeben. Er könnte jederzeit wieder auf die Dose zugreifen und ggf. weitersprühen.

Er hat somit weiterhin die tatsächliche Sachherrschaft und insgesamt auch Gewahrsam an der Spraydose.

Ein Gegenstand wird **nicht freiwillig herausgegeben**, wenn die Herausgabe, nicht aus eigenem Antrieb oder stillschweigend mit innerer Bereitschaft erfolgt. Die Person wurde unmittelbar am Tatort bei Begehung der Tat festgestellt. Daher kann eine echte freiwillige Herausgabe der Spraydose nicht angenommen werden.

Somit bedarf es der Beschlagnahme gem. § 94 II StPO.

4. Voraussetzung – Anordnungsbefugnis

Die Anordnung der Beschlagnahme obliegt gem. § 98 I StPO grundsätzlich dem Richter, nur bei Gefahr im Verzug u. a. den Ermittlungspersonen der Staatsanwaltschaft (§ 12 V BPolG). **Gefahr im Verzug** liegt vor, wenn der Erfolg der Beschlagnahme durch die Verzögerung, die die Erwirkung der richterlichen Entscheidung mit sich bringen würde, gefährdet wäre. Die Einholung einer richterlichen Beschlagnahme-Anordnung erfolgt grundsätzlich über die Staatsanwaltschaft und würde einen nicht genau kalkulierbaren Zeitraum in Anspruch nehmen. In dieser Zeit bestünde keine Möglichkeit, die Person an einer Einflussnahme auf die Spraydose zu hindern. Er könnte sie beiseiteschaffen oder evtl. vorhandene Spuren beseitigen. Dadurch stünde sie nicht bzw. nur eingeschränkt dem Strafverfahren zur Verfügung.

Damit liegt Gefahr im Verzug vor.

Ermittlungspersonen der StA sind gem. § 12 V BPolG alle PVB der BPOL, die mindestens vier Jahre dem Polizeivollzugsdienst angehören. Im Sachverhalt ist nichts Gegenteiliges erwähnt; somit kann davon ausgegangen werden, dass diese Voraussetzung erfüllt ist.

Damit ist die Anordnungsbefugnis nach § 98 I StPO gegeben.

Ergebnis

Die Voraussetzungen für die Beschlagnahme der Spraydose gem. §§ 94 I, II i. V. m. 98 I StPO sind erfüllt.

3.2 Adressat

Der Adressat ergibt sich bei repressiven Maßnahmen stets aus der Norm selbst. Hier ist der Adressat der Gewahrsamsinhaber der Spraydose – also der P. Somit ist er der richtige Adressat der Beschlagnahme.

3.3 Allgemeine Rechtmäßigkeitsvoraussetzungen

– Verhältnismäßigkeit

Die Verhältnismäßigkeit der Maßnahme ergibt sich aus Art. 20 III GG. Demnach muss die Maßnahme geeignet, erforderlich und angemessen sein.

Geeignet ist die Maßnahme dann, wenn diese objektiv-zwecktauglich ist, das polizeiliche Ziel zu erreichen. Die Beschlagnahme der Spraydose ist geeignet, das Strafverfahren zu sichern. Mit der Spraydose kann der Beweis der Tat erbracht werden. Somit ist die Maßnahme geeignet.

Erforderlich ist die Maßnahme, wenn von mehreren geeigneten Maßnahmen diejenige getroffen wird, die den Einzelnen oder die Allgemeinheit am wenigsten beeinträchtigt. Eine mildere Maßnahme als die Beschlagnahme in Bezug auf die Spraydose kommt nicht in Betracht. Bei Vorliegen der Voraussetzungen besteht sogar eine Sicherstellungspflicht gem. § 94 I StPO. Somit ist die Beschlagnahme erforderlich.

Angemessen ist die Maßnahme, wenn die Folge einer polizeilichen Maßnahme in einem angemessenen Verhältnis zum angestrebten Zweck steht. Auf der einen Seite wird durch die Beschlagnahme das Recht auf Eigentum (Art. 14 GG) eingeschränkt. Dies ist zur Durchführung des Strafverfahrens erforderlich. Der P hat im Übrigen die Ursache für die Beschlagnahme gesetzt.

Auf der anderen Seite sollen durch die Maßnahme der Strafverfolgungsanspruch des Staates durchgesetzt werden sowie das Rechtsgut Eigentum der DB AG (Art. 14 GG) geschützt werden.

Ein Missverhältnis ist hier nicht zu erkennen.

Somit ist die Maßnahme auch angemessen und insgesamt verhältnismäßig.

3. Die Durchsuchung nach Beweismitteln

Sachverhalt aus dem bahnpolizeilichen Aufgabenbereich: BPOLI Hamburg – Sie stellen im Hauptbahnhof in Hamburg zu später Stunde eine Person (T) fest, die gerade mit einer Lackspraydose einen abgestellten Zug besprüht hat. Die Person führt einen Rucksack mit sich. Sie fordern die Person auf, damit aufzuhören. Die Person legt die Spraydose auf den Boden und verhält sich kooperativ. Sie überlegen nach der durchgeführten IDF gem. § 163 b I StPO, welche weitere strafprozessuale Maßnahme Sie in Bezug auf die Person sowie des mitgeführten Rucksacks noch treffen können.

Gesetzestext (Auszug)

§ 102 StPO (Durchsuchung beim Beschuldigten[23])

Bei dem, welcher als Täter oder Teilnehmer einer Straftat oder der Datenhehlerei, Begünstigung, Strafvereitelung oder Hehlerei verdächtig ist, kann eine Durchsuchung der Wohnung und anderer Räume sowie seiner Person und der ihm gehörenden Sachen sowohl zum Zweck seiner Ergreifung als auch dann vorgenommen werden, wenn zu vermuten ist, dass die Durchsuchung zur Auffindung von Beweismitteln führen werde.

23 Zu beachten ist hier, dass es sich (entgegen der Bezeichnung im Gesetz) nicht um den Beschuldigten handeln muss, sondern um den Tatverdächtigen.

§ 105 StPO (Verfahren bei der Durchsuchung)

(1) Durchsuchungen dürfen nur durch den Richter, bei Gefahr im Verzug auch durch die Staatsanwaltschaft und ihre Ermittlungspersonen (§ 152 des Gerichtsverfassungsgesetzes) angeordnet werden. Durchsuchungen nach § 103 Abs. 1 Satz 2 ordnet der Richter an; die Staatsanwaltschaft ist hierzu befugt, wenn Gefahr im Verzug ist.

3.1 Voraussetzungen

Zunächst die Voraussetzungen im Überblick:

1. Tatverdacht
2. Tatverdächtiger[24]
3. Durchsuchungsobjekt
4. Durchsuchungszweck
5. Erfolgsvermutung
6. Anordnungsbefugnis

3.1.1 Tatverdacht

Definition:

Tatverdacht ist gegeben, wenn zureichende tatsächliche Anhaltspunkte für eine verfolgbare Straftat vorliegen (§ 152 II StPO). → *Hilfsfragen, siehe § 163 b I StPO*

3.1.2 Tatverdächtiger

Definition:

Tatverdächtiger ist die Person, die als Täter oder Teilnehmer einer verfolgbaren Straftat in Betracht kommt. → *Hilfsfragen, siehe § 163 b I StPO*

24 Hier der sog. Normadressat.

3.1.3 Durchsuchungsobjekt

Gemäß § 102 StPO kann eine Durchsuchung der Wohnung und anderer Räume **sowie** seiner Person und der ihm gehörenden Sachen durchgeführt werden.

Hilfestellung: An dieser Stelle genügt eine Feststellung, welches Durchsuchungsobjekt (entweder Wohnung bzw. andere Räume oder Person bzw. ihm gehörende Sachen) laut Sachverhalt in Betracht kommt.

3.1.4 Durchsuchungszweck

Gemäß § 102 StPO kann sowohl zum Zweck seiner Ergreifung (Verdächtiger) als auch dann durchsucht werden, wenn zu vermuten ist, dass die Durchsuchung zur Auffindung von Beweismitteln führen werde. Insbesondere zu Beginn der Ausbildung wird der Schwerpunkt auf der **Durchsuchung nach Beweismitteln** liegen. Deshalb beziehen sich die nachfolgenden Äußerungen auf diese Zweckrichtung.

Definition Beweismittel:

Beweismittel sind alle beweglichen und unbeweglichen Sachen, die unmittelbar oder mittelbar für die Tat oder die Umstände ihrer Begehung Beweis erbringen. Es muss die Möglichkeit bestehen, dass der Gegenstand zu Untersuchungszwecken verwendet werden kann (potenzielle Beweisbedeutung).

Hilfestellung: Beantworten Sie in der Subsumtion die folgenden Frage: Ist die Sache beweglich **oder** unbeweglich? Hier genügt eine kurze Feststellung. Weitere Fragen, die Sie beantworten müssen: Welche Gegenstände könnten sich in der zu durchsuchenden Sache oder bei bzw. an der Person befinden und welchen Beweiswert könnten sie haben?

3.1.5 Erfolgsvermutung

Definition:

Die Erfolgsvermutung liegt vor, wenn tatsächliche Anhaltspunkte (auch in Verbindung mit polizeilicher Erfahrung) dafürsprechen, dass das Ziel der Durchsuchung erreicht werden kann.

Hier reicht meist der Bezug zu polizeilichem bzw. kriminalistischem Erfahrungswissen aus! Beziehen Sie dieses Erfahrungswissen auf den Sachverhalt.

3.1.6 Anordnungsbefugnis

Einstiegssatz: Die Anordnung der Durchsuchung obliegt gem. § 105 StPO grundsätzlich dem Richter, nur bei Gefahr im Verzug der StA und den Ermittlungspersonen der Staatsanwaltschaft (§ 12 V BPolG).

Definition Gefahr im Verzug:

Gefahr im Verzug liegt vor, wenn der Erfolg der Durchsuchung durch die Verzögerung, die die Erwirkung der richterlichen Entscheidung mit sich bringen würde, gefährdet wäre.

Hilfestellung: Wenn ich jetzt die richterliche Durchsuchungsanordnung erwirken würde, könnte mit dem Beweismittel (in der Zwischenzeit) Folgendes passieren?

Definition Ermittlungspersonen:

Ermittlungspersonen der StA sind gem. § 12 V BPolG alle PVB der BPOL, die mindestens vier Jahre dem Polizeivollzugsdienst angehören.

3.2 Formulierungsvorschlag

Nun zum Sachverhalt mit der Person, die gerade den Zug mit einer Lackspraydose besprüht und einen Rucksack mitführt.

1. Entscheidung

1.1 Entscheidung zu präventivem oder repressivem Handeln

Der P besprüht mit einer Spraydose die Außenwand eines Zuges. Wir können den P stellen. Die Person hört damit auf und verhält sich kooperativ.

Das Rechtsgut Eigentum der DB AG ist bereits verletzt. Es handelt sich hierbei (zumindest) um eine Sachbeschädigung gem. § 303 II StGB.

Repressives Einschreiten ist möglich. Eine Schadensvertiefung kann ausgeschlossen werden, da die Person nach unserer Ansprache damit aufgehört hat. Dadurch ist präventives Einschreiten nicht mehr möglich.

Es handelt sich um eine **abgeschlossene** Rechtsgutverletzung.

Somit handele ich **repressiv**.

1.2 Benennung der zu treffenden Maßnahme

Als verfahrenssichernde Maßnahme in Bezug auf die Person sowie des mitgeführten Rucksacks kommt hier die Durchsuchung gem. §§ 102 i. V. m. 105 StPO in Betracht.

2. Zuständigkeit

2.1 Sachliche Zuständigkeit

Die sachliche Zuständigkeit ergibt sich aus §§ 1 II, 12 I Nr. 5 BPolG i. V. m. 4 EBO i. V. m. 163 I StPO i. V. m. 12 II S. 1 BPolG.

Demnach nimmt die BPOL die polizeilichen Aufgaben auf dem Gebiet der Strafverfolgung gemäß dem Legalitätsprinzip (§ 163 I StPO) wahr, soweit der Verdacht eines Vergehens (§ 12 II StGB) besteht, das auf dem Gebiet der Bahnanlagen der Eisenbahnen des Bundes begangen wurde und sich gegen das Vermögen der Bahn richtet.

Die Sachbeschädigung nach § 303 II StGB ist ein Vergehen und richtet sich gegen das Vermögen der DB AG.

Die Tat fand auf dem Hauptbahnhof Hamburg statt, einer Bahnanlage i. S. d. § 4 EBO, die zur DB AG gehört. Die räumliche Begrenzung der Sachaufgabe auf das Gebiet der Eisenbahnen des Bundes wurde eingehalten (§ 12 II S. 1 BPolG).

Somit bin ich sachlich zuständig.

2.2 Örtliche Zuständigkeit

Ich bin zugehörig zur BPOLI Hamburg. Diese gehört zur BPOLD Hannover, welche gem. § 58 I BPolG i.V.m § 2 I Nr. 2 BPolZV in der Stadt Hamburg örtlich zuständig ist. Der Bahnhof Hamburg liegt in Hamburg. Somit bin ich auch örtlich zuständig.

3. Eingriff

3.1 Befugnisnorm

Einleitender Obersatz

Gemäß Artikel 20 III GG (Vorbehalt des Gesetzes) bedarf es einer Rechtsgrundlage, um in die Rechte des Bürgers einzugreifen. Als Maßnahme kommt die Durchsuchung der Person sowie des mitgeführten Rucksacks gem. §§ 102, 105 StPO in Betracht.

1. Voraussetzung – Tatverdacht

Tatverdacht ist gegeben, wenn zureichende tatsächliche Anhaltspunkte für eine verfolgbare Straftat vorliegen (§ 152 II StPO). Laut Sachverhalt hat die Person P die Wagentür des Zuges mit Farbe besprüht. Dies habe ich beobachtet. Somit liegt der Verdacht einer Sachbeschädigung vor, § 303 II StGB.

Damit liegt ein Straftatverdacht vor.

2. Voraussetzung – Verdächtiger

Verdächtiger ist derjenige, bei dem Anhaltspunkte bestehen, er könne Täter oder Teilnehmer einer verfolgbaren Straftat sein. Laut Sachverhalt wird die Person bei der Tatausführung (hier: Besprühen des Zuges) von der Streife beobachtet/festgestellt.

Somit ist P Verdächtiger.

3. Voraussetzung – Durchsuchungsobjekt

Als Durchsuchungsobjekt kommen die mitgeführten Sachen des Verdächtigen in Betracht, hier der Rucksack des P als auch die Person P selbst.

Somit handelt es sich um ein relevantes Durchsuchungsobjekt.

4. Voraussetzung – Durchsuchungszweck

Zweck der Durchsuchung wäre hier das Auffinden von Beweismitteln. Beweismittel sind alle **beweglichen und unbeweglichen** Sachen, die unmittelbar oder mittelbar für die Tat oder die Umstände ihrer Begehung Beweis erbringen. Es muss die Möglichkeit bestehen, dass der Gegenstand zu Untersuchungszwecken verwendet werden kann (potenzielle Beweisbedeutung).

Im Rucksack, einem **beweglichen Gegenstand**, könnten typische Gegenstände sein, die Täter der *Graffitiszene* dabeihaben. Dies könnten Dosen, Mundschutz, Handschuhe oder das sog. blackbook[25] sein. Wenn diese bei ihm aufgefunden würden, wäre dies (auch) ein **Beleg** dafür, dass P die vorgenannten Taten tatsächlich begangen hat. Diese Gegenstände könnte der P aber auch in der Kleidung bei sich führen (Jacke, Hosentasche etc.).

5. Voraussetzung – Erfolgsvermutung

Die Erfolgsvermutung liegt vor, wenn tatsächliche Anhaltspunkte (auch in Verbindung mit polizeilicher Erfahrung) dafürsprechen, dass das Ziel der Durchsuchung erreicht werden kann.

Polizeiliche und kriminalistische Erfahrungswerte belegen, dass Graffiti-Täter in der Regel weitere Spraydosen sowie entsprechende Schutzausstattung mit sich führen. Auch sprühen sie ihre Motive aufgrund einer Vorlage, dem blackbook. Es ist wahrscheinlich, dass P diese Gegenstände dabeihat.

25 Skizzenbuch für Graffiti-Entwürfe.

6. Voraussetzung – Anordnungsbefugnis

Die Anordnung der Durchsuchung obliegt gem. § 105 StPO grundsätzlich dem Richter, nur bei Gefahr im Verzug der StA und den Ermittlungspersonen der Staatsanwaltschaft (§ 12 V BPolG).

Gefahr im Verzug liegt vor, wenn der Erfolg der Durchsuchung durch die Verzögerung, die die Erwirkung der richterlichen Entscheidung mit sich bringen würde, gefährdet wäre. Die Einholung einer richterlichen Durchsuchungsanordnung würde einen nicht näher kalkulierbaren Zeitraum in Anspruch nehmen. In dieser Zeit bestünde keine Möglichkeit, den P (samt Rucksack) nach Beweismitteln zu durchsuchen.[26] Er könnte auch mögliche Beweismittel vernichten. Somit wäre der Durchsuchungszweck (Auffinden von Beweismitteln) gefährdet.

Ermittlungspersonen der StA sind gem. § 12 V BPolG alle PVB der Bundespolizei, die mind. vier Jahre dem Polizeivollzugsdienst angehören.

Laut Sachverhalt ist nichts Gegenteiliges erwähnt. Daher wird davon ausgegangen, dass diese Voraussetzung erfüllt ist. Somit bin ich berechtigt, die Durchsuchung anzuordnen.

Ergebnis

Die Voraussetzungen für die Durchsuchung des Rucksacks nach §§ 102, 105 StPO sind erfüllt.

3.2 Adressat

Der Adressat ergibt sich bei repressiven Maßnahmen stets aus der Norm selbst. Hier ist der Adressat der Tatverdächtige – also die Person, die offensichtlich den Zug besprüht hat. Somit ist er der richtige Adressat der Durchsuchung.

26 Falls die Person die Flucht ergreift, wäre eine strafprozessuale Maßnahme nach § 127 I oder § 127 II StPO denkbar.

3.3 Allgemeine Rechtmäßigkeitsvoraussetzungen

– Verhältnismäßigkeit

Die Verhältnismäßigkeit der Maßnahme ergibt sich aus Art. 20 III GG. Demnach muss die Maßnahme geeignet, erforderlich und angemessen sein.

Geeignet ist die Maßnahme dann, wenn diese objektiv-zwecktauglich ist, das polizeiliche Ziel zu erreichen. Die Durchsuchung der Person sowie des mitgeführten Rucksacks ist geeignet, das Strafverfahren zu sichern, indem möglicherweise Beweisgegenstände für die Tat gefunden werden. Somit ist die Maßnahme geeignet.

Erforderlich ist die Maßnahme, wenn von mehreren geeigneten Maßnahmen diejenige getroffen wird, die den Einzelnen oder die Allgemeinheit am wenigsten beeinträchtigt. Eine mildere Maßnahme als die Durchsuchung der Person sowie der mitgeführten Sachen. Wir als Polizei können nur auf diese Weise weitere Beweise für die Tat finden. Somit ist die Durchsuchung erforderlich.

Angemessen ist die Maßnahme, wenn die Folge einer polizeilichen Maßnahme in einem angemessenen Verhältnis zum angestrebten Zweck steht. Auf der einen Seite wird durch die Durchsuchung der Person das Recht auf Freiheit der Person (Art. 2 II S. 2 GG) eingeschränkt. Durch das Auffinden von Beweisgegenständen werden auch personenbezogene Daten erhoben, die in das Recht auf informationelle Selbstbestimmung eingreifen (Art. 2 I i. V. m. 1 I GG). Der P hat jedoch die Ursache für diese Durchsuchung gesetzt. Die Durchsuchung dauert jedoch unter normalen Umständen nicht allzu lange (etwa 10 bis 15 Minuten). Der Eingriff ist demnach nicht sehr intensiv.

Auf der anderen Seite sollen durch die Maßnahme der Strafverfolgungsanspruch des Staates durchgesetzt werden sowie das Rechtsgut Eigentum der DB AG (Art. 14 GG) geschützt werden.

Ein Missverhältnis ist hier nicht zu erkennen.

Somit ist die Maßnahme auch angemessen und **insgesamt verhältnismäßig**.

Kapitel 4 Straftaten

1. Die Sachbeschädigung

Sachverhalt aus dem bahnpolizeilichen Aufgabenbereich: BPOLI Hamburg: Eine männliche Person (P) schlägt am Bahnsteig mit der Faust gegen die Scheibe des Fahrplanaushanges. Dadurch entsteht an der Scheibe ein etwa 30 cm langer Riss. Der P entfernt sich anschließend vom Tatort. Sie können die Person stellen und überlegen nun, ob und inwieweit sich die Person durch ihr Verhalten strafbar gemacht haben könnte.

LERNVIDEO

https://www.youtube.com/watch?v=EcDFsYeBU_Q&t=27s

Gesetzestext (Auszug)

§ 303 StGB (Sachbeschädigung)

(1) Wer rechtswidrig eine fremde Sache beschädigt oder zerstört, wird mit Freiheitsstrafe bis zu zwei Jahren oder mit Geldstrafe bestraft.

1.1 Tatbestand

Zunächst der Tatbestand im Überblick:

1. Sache
2. Fremd
3. Beschädigen **oder** zerstören

1.1.1 Sache

Definition:

Sachen sind körperliche Gegenstände, § 90 BGB.

1.1.2 Fremd

Definition:

Fremd ist die Sache, wenn diese nicht im Alleineigentum des Täters **und** nicht herrenlos ist.

Hilfestellung: Beantworten Sie in der Subsumtion folgende Hilfsfragen. In wessen Eigentum steht die Sache? Im bahnpolizeilichen Aufgabenbereich steht eine beschädigte Sache in der Regel im Alleineigentum der DB AG oder aber im Eigentum von anderen Reisenden. Ist diese Sache auch erkennbar nicht herrenlos? Meist ergibt sich dies bereits aus der Antwort der ersten Frage, sodass beim Merkmal *herrenlos* ein kurzer Hinweis genügt.

1.1.3 Beschädigen oder[27] zerstören?

Definition:

Das Beschädigen ist eine Einwirkung, die zu einer nicht unerheblichen Substanzverletzung oder Funktionsbeeinträchtigung führt.

Hilfestellung: Beantworten Sie in der Subsumtion folgende Hilfsfragen.

→ Bei der Substanzverletzung: Wie wurde die Oberflächenstruktur der Sache beschädigt?

→ Bei der Funktionsbeeinträchtigung: Kann die Sache noch problemlos für das genutzt werden, wozu sie hergestellt wurde?

27 Bei der Subsumtion kann nur eine der beiden Tathandlungen in Betracht kommen.

Definition:

Das Zerstören ist die völlige Aufhebung der Gebrauchsfähigkeit einer Sache.

1.2 Formulierungsvorschlag[28]

Nun zum Sachverhalt mit der Person (P), die mit der Faust gegen die Scheibe des Fahrplanaushangs schlägt, worauf ein etwa 30 cm langer Riss entsteht.

Einleitender Obersatz

Indem P mit der Faust gegen die Scheibe des Fahrplanaushangs schlägt und dadurch ein 30 cm langer Riss entsteht, könnte er eine Sachbeschädigung gem. § 303 I StGB begangen haben.

Tatbestand

1. TBM[29] – Sache

Sachen sind körperliche Gegenstände, § 90 BGB. Bei der Scheibe (des Fahrplanaushanges) handelt es sich unstrittig um einen körperlichen Gegenstand.

Somit handelt es sich um eine Sache.

2. TBM – fremd

Fremd ist die Sache, wenn diese nicht im Alleineigentum des Täters und nicht herrenlos ist. Der (gesamte) Fahrplanaushang steht im Alleineigentum der DB AG und ist daher erkennbar auch nicht herrenlos.

Somit ist die Sache für den P auch fremd.

---

28 Der Formulierungsvorschlag umfasst nicht nur den Tatbestand, sondern auch den einleitenden Obersatz, die Rechtswidrigkeit, die Schuld sowie Anmerkungen zum Vorsatz und das Gesamtergebnis.

29 = Tatbestandsmerkmal.

3. TBM – beschädigen oder zerstören

Das Beschädigen ist eine Einwirkung, die zu einer nicht unerheblichen Substanzverletzung oder Funktionsbeeinträchtigung führt. Laut Sachverhalt schlägt P mit der Faust gegen die Scheibe. Dadurch entsteht ein 30 cm langer Riss und die Oberflächenstruktur ist verletzt. Eine Reparatur der Scheibe ist erforderlich.

Somit liegt eine Beschädigung vor.

Zwischenergebnis[30] zum Tatbestand

Der Tatbestand der Sachbeschädigung gem. § 303 I StGB ist erfüllt.

Rechtswidrigkeit[31]

Die Tatbestandsmäßigkeit indiziert die Rechtswidrigkeit. Mögliche Rechtfertigungsgründe *(wie etwa die Notwehr, § 32 StGB, oder der rechtfertigende Notstand, § 34 StGB)* sind laut Sachverhalt nicht erkennbar. Der P handelte somit auch rechtswidrig.

Schuld

Vorsatz, zumindest bedingter Vorsatz

Zu prüfen ist, ob P zumindest bedingt vorsätzlich gehandelt hat. Vorsatz ist das Wissen und Wollen der Tatbestandsverwirklichung. Bedingt vorsätzlich handelt derjenige, der den Taterfolg zumindest billigend in Kauf nimmt. Der P wusste, dass es sich bei der Scheibe des Fahrplanaushangs um eine fremde Sache handelt. Ihm war durch die Faustschläge auch bewusst, dass er sie dadurch beschädigt. Sein Vorgehen zeigt, dass er die Beschädigung auch wollte und den Taterfolg billigend in Kauf genommen hat. Bedingter Vorsatz liegt somit vor.

---

30 Formulieren Sie unbedingt Zwischenergebnisse. Diese helfen Ihnen bei der eigenen Struktur und Sie sammeln dadurch auch weitere Leistungspunkte.

31 Wenn im Sachverhalt kein Rechtfertigungsgrund erkennbar ist, dann ist dieser Prüfungspunkt recht kurz abzuhandeln.

Schuldausschließungsgründe[32]

Mögliche Schuldausschließungsgründe *(wie etwa die Schuldunfähigkeit wegen Kindesalter, § 19 StGB, oder die Schuldunfähigkeit wegen seelischer Störungen, § 20 StGB)* sind nicht erkennbar.

Zwischenergebnis zur Schuld

Der P handelt auch schuldhaft.

Gesamtergebnis

Der P hat sich insgesamt einer Sachbeschädigung gem. § 303 I StGB strafbar gemacht.

Hinweise/Hilfestellung zum Vorsatz: Der Vorsatz muss sich stets auf die Tatbestandsmerkmale beziehen. Folgende Hilfsfragen kommen in Betracht:

- Wusste der P, dass der Fahrplanaushang eine für ihn fremde Sache war?
- Wusste er bzw. war ihm bewusst, dass er durch das Einschlagen mit der Faust diesen auch beschädigt?
- Wollte er die Beschädigung bzw. hat der P diese billigend in Kauf genommen?

2. Der Diebstahl

Sachverhalt aus dem bahnpolizeilichen Aufgabenbereich: BPOLI Hamburg – Die Person A erscheint auf der Wache, um einen Taschendiebstahl anzuzeigen. Durch die Auswertung der in Betracht kommenden Kameraaufzeichnungen stellt sich der Tathergang wie folgt dar. In der Bahnhofshalle stiehlt der D dem A durch einen geschickten Griff in die hintere Hosentasche dessen Geldbörse (Inhalt: u. a. 200 Euro Bargeld). Der D steckt diese in seine Jackentasche und entfernt sich.

---

32 Ähnlich wie bei den Rechtfertigungsgründen ist dieser Punkt kurz abzuhandeln, es sei denn, es sind etwaige Schuldausschließungsgründe zu prüfen.

Gesetzestext (Auszug)

§ 242 StGB (Diebstahl)

(1) Wer eine fremde bewegliche Sache einem anderen in der Absicht wegnimmt, die Sache sich oder einem Dritten rechtswidrig zuzueignen, wird mit Freiheitsstrafe bis zu fünf Jahren oder mit Geldstrafe bestraft.

2.1 Tatbestand

Der Tatbestand im Überblick:

1. Sache
2. Fremd
3. Beweglich
4. Wegnahme
   - 4.1 Gewahrsam
   - 4.2 Bruch fremden Gewahrsams
   - 4.3 Begründung neuen Gewahrsams
5. Absicht rechtswidriger Zueignung
   - 5.1 Enteignungswille
   - 5.2 Aneignungsabsicht
   - 5.3 Rechtswidrigkeit (der Zueignung)

2.1.1 Sache

Definition:

Sachen sind körperliche Gegenstände, § 90 BGB.

2.1.2 Fremd

Definition:

Fremd ist die Sache, wenn diese nicht im Alleineigentum des Täters und nicht herrenlos ist.

Beantworten Sie in der Subsumtion die identischen Hilfsfragen wie bei der Sachbeschädigung, siehe Punkt 1.

2.1.3 Beweglich

Definition:

Beweglich ist die Sache, wenn diese tatsächlich fortgeschafft werden kann.

Hilfestellung: Meist zeigt die Tathandlung des Diebes (lt. Sachverhalt), dass die Sache auch transportabel und damit beweglich ist.

2.1.4 Wegnahme

Zunächst die Definition für die Wegnahme:

Definition:

Wegnahme ist der **Bruch** fremden und die **Begründung** neuen **Gewahrsams**.

Nun erfolgt die Zerlegung in **drei** Tatbestandsmerkmale

2.1.4.1 Gewahrsam (des Opfers bzw. Geschädigten)

Definition:

Gewahrsam ist die vom Herrschaftswillen getragene tatsächliche Sachherrschaft über die Sache.

Hilfestellung: Beantworten Sie in der Subsumtion folgende Hilfsfrage: Welche Person hatte bis zur Tathandlung den Herrschafts**willen** und die Herrschafts**möglichkeit** über die Sache?

2.1.4.2 Bruch fremden Gewahrsams

Definition:

Bruch fremden Gewahrsams ist die Aufhebung der tatsächlichen Sachherrschaft ohne Zustimmung des bisherigen Inhabers.

Hilfestellung: Beantworten Sie in der Subsumtion folgende Hilfsfragen: Durch welche Tathandlung des Diebes kommt es zum Wechsel der tatsächlichen Sachherrschaft? Liegt für diese Handlung die Einwilligung des Geschädigten vor? Kann der Geschädigte nach der Tathandlung noch frei über seine Sache verfügen?

2.1.4.3 Begründung neuen Gewahrsams

Definition:

Begründung neuen Gewahrsams liegt vor, wenn der Täter die Sachherrschaft derart erlangt hat, dass er sie ungehindert ausüben kann.

Hilfestellung: Beantworten Sie in der Subsumtion folgende Hilfsfrage: Wie verhält sich der Dieb nach der Tathandlung? Meist entfernt dieser sich vom Tatort und damit vom Geschädigten und somit kann er die Sachherrschaft ungehindert ausüben.

Wichtig:

Formulierung eines Zwischenergebnisses für das TBM Wegnahme.

2.1.5 Absicht rechtswidriger Zueignung

Auch dieses TBM gliedert sich in **drei** eigene TBM auf. Bevor auf diese eingegangen wird, beginnen Sie mit der allgemeinen Definition:

Definition:

Die Zueignungsabsicht ist die Absicht des Täters, den Eigentümer einer Sache zu enteignen und sich selbst oder einem Dritten die Sache anzueignen.

2.1.5.1 Enteignungswille

Definition:

Enteignungswille liegt vor, wenn der Täter zumindest billigend in Kauf nimmt, dass der Eigentümer auf Dauer von der Sache ausgeschlossen wird.

Hilfestellung: Beantworten Sie in der Subsumtion folgende Hilfsfrage. Kann dem Täter unterstellt werden, dass er die Sache dem Eigentümer wieder zurückbringen will?

2.1.5.2 Aneignungsabsicht

Definition:

Bei der Aneignungsabsicht kommt es dem Täter darauf an, sich (oder einen Dritten) zumindest vorübergehend an die Position des Eigentümers zu setzen, um die Sache beliebig – insbesondere wirtschaftlich – nutzen zu können.

Hilfestellung: Der Dieb verhält sich demnach so, als wenn er der Eigentümer über die Sache wäre. Beantworten Sie daher in der Subsumtion folgende Hilfsfrage: Was möchte bzw. könnte der Täter mit der Sache machen? Denkbar wären folgende Möglichkeiten: selbst nutzen/verbrauchen/verkaufen.

2.1.5.3 Rechtswidrige Zueignung

Definition:

Rechtswidrig ist die Zueignung dann, wenn sie der materiellen Eigentumsordnung widerspricht und der Täter keinen Rechtsanspruch zur Zueignung hat.

Hilfestellung: Beantworten Sie in der Subsumtion folgende Hilfsfrage. Ist aus dem Sachverhalt erkennbar, dass das Opfer dem Täter eine Einwilligung in den Gewahrsamswechsel gegeben hat bzw. ist zw. dem Opfer und dem Täter ein gültiger Kaufvertrag zustande gekommen?

Wichtig: Formulierung eines Zwischenergebnisses für das TBM Absicht rechtswidriger Zueignung.

2.2 Formulierungsvorschlag

Nun zum Sachverhalt mit dem D, der dem A die Geldbörse entwendet.

Einleitender Obersatz

Indem der D dem A die Geldbörse (samt Bargeld) entwendet hat, könnte er sich eines Diebstahls gem. § 242 I StGB strafbar gemacht haben.

Tatbestand

1. TBM – Sache

Sachen sind körperliche Gegenstände, § 90 BGB. Die Geldbörse ist unzweifelhaft ein körperlich abgrenzbarer Gegenstand und somit eine Sache.

2. TBM – fremd

Fremd ist die Sache, wenn sie nicht im Alleineigentum des Täters steht und nicht herrenlos ist. Laut Sachverhalt gehört die Geldbörse dem Geschädigten A. Sie steht demnach in dessen Alleineigentum und ist daher erkennbar nicht herrenlos.

Die Sache ist für D fremd.

3. TBM – beweglich

Beweglich ist die Sache dann, wenn diese tatsächlich fortgeschafft werden kann. Wie die Tathandlung des D zeigt, kann die Geldbörse ohne nennenswerten Umstand fortgeschafft werden.

Die Sache ist auch beweglich.

4. TBM – Wegnahme

Wegnahme ist der Bruch fremden und die Begründung neuen Gewahrsams.

4.1 Der **Gewahrsam** liegt vor, wenn jemand über den Gegenstand tatsächliche Herrschaftsgewalt (Herrschaftswillen und -möglichkeit) ausübt. Bis zur Entwendung der Geldbörse hatte der Geschädigte A diese in der hinteren Hosentasche und somit auch Herrschaftswillen. Er wusste, wo diese sich befand, und er hatte die Möglichkeit, jederzeit unmittelbar auf sie zuzugreifen.

Somit liegt Gewahrsam vor.

4.2 Der **Bruch fremden Gewahrsams** ist die Aufhebung der tatsächlichen Sachherrschaft ohne Zustimmung des bisherigen Inhabers. D entwendet die Geldbörse mittels Griffs in die Hosentasche des A. Er lässt sie anschließend in seiner Jacke verschwinden. Der A kann somit nicht mehr über seine Geldbörse verfügen.

Bruch fremden Gewahrsams liegt vor.

4.3 Die **Begründung neuen Gewahrsams** liegt vor, wenn der Täter die Sachherrschaft derart erlangt hat, dass er sie ungehindert ausüben kann. Der D steckt die Geldbörse in seine Jacke. Der Geschädigte hat davon nichts mitbekommen. Der D könnte jetzt **frei** auf die Geldbörse zugreifen und über sie verfügen (z. B. Bargeld entwenden).

Somit hat D neuen Gewahrsam begründet.

Insgesamt liegt die Wegnahme vor.

5. TBM – Absicht rechtswidriger Zueignung

Die **Absicht rechtswidriger Zueignung**: Die Zueignungsabsicht setzt sich zusammen aus Enteignungswillen und Aneignungsabsicht.

5.1 **Enteignungswille** bedeutet, dass der Täter zumindest billigend in Kauf nimmt, dass der Eigentümer auf Dauer von der Sache ausgeschlossen wird. D steckt die Geldbörse in seine Jackentasche und entfernt sich vom Tatort. Ihm kann unterstellt werden, dass er nicht die Absicht hatte, die Geldbörse wieder zurückzubringen. Der A kann somit nicht mehr über seine Geldbörse verfügen.

Enteignungswille liegt somit vor.

5.2 Bei der **Aneignungsabsicht** kommt es dem Täter darauf an, sich (oder einen Dritten) zumindest vorübergehend an die Position des Eigentümers zu setzen, um die Sache beliebig – insbesondere wirtschaftlich – nutzen zu können. D hat die Geldbörse weggenommen, um u. a. das vorhandene Bargeld zu entwenden und frei darüber zu verfügen, als ob er der rechtmäßige Eigentümer wäre. Darauf kam es ihm an.

Aneignungsabsicht liegt vor.

5.3 **Rechtswidrig ist die Zueignung** dann, wenn sie der materiellen Eigentumsordnung widerspricht und der Täter keinen Rechtsanspruch zur Zueignung hat. Einen Rechtsanspruch, die Geldbörse an sich zu nehmen, als auch die Einwilligung des Geschädigten liegen lt. Sachverhalt erkennbar nicht vor.

Die Zueignung war somit rechtswidrig.

Die Absicht rechtswidriger Zueignung liegt somit vor.

Zwischenergebnis zum Tatbestand

Der Tatbestand des Diebstahls gem. § 242 I StGB ist erfüllt.

Rechtswidrigkeit

Die Tatbestandsmäßigkeit indiziert die Rechtswidrigkeit. Rechtfertigungsgründe sind laut Sachverhalt nicht erkennbar.

Der D handelte somit auch rechtswidrig.

Schuld

Zu prüfen ist, ob D zumindest bedingt vorsätzlich gehandelt hat. Vorsatz ist das Wissen und Wollen der Tatbestandsverwirklichung. Bedingt vorsätzlich handelt derjenige, der den Taterfolg zumindest billigend in Kauf nimmt. Der D wusste, dass es sich bei der Geldbörse (des A) um eine für ihn fremde und bewegliche Sache handelt. Ihm war durch den Griff in die Hosentasche des A und dem Einstecken in die eigene Jackentasche auch bewusst, dass er diese dem A auch wegnimmt. Sein Vorgehen zeigt, dass er die Wegnahme der Geldbörse auch wollte.

Bedingter Vorsatz liegt somit vor.

Schuldausschließungsgründe sind laut Sachverhalt nicht erkennbar. Der D handelt insgesamt schuldhaft.

Gesamtergebnis

Der D hat sich insgesamt eines Diebstahls gem. § 242 I StGB strafbar gemacht.

Hilfestellung zum o. g. Vorsatz: Der Vorsatz muss sich stets auf die Tatbestandsmerkmale beziehen. Folgende Hilfsfragen kommen in Betracht:

- Wusste der D, dass die Geldbörse (des A) eine für ihn fremde und bewegliche Sache war?
- Wusste er bzw. war ihm bewusst, dass er durch das Entwenden aus der Hosentasche und Einstecken in die eigene Jackentasche diese dem A auch wegnimmt?
- Wollte er die Wegnahme auch?

3. Die (einfache) Körperverletzung

Sachverhalt aus dem bahnpolizeilichen Aufgabenbereich: BPOLI Hamburg: Während Ihrer Streife im Bahnhof erhalten Sie den Funkspruch, dass am Bahnsteig 7 eine Schlägerei im Gange sei. Kurze Zeit später erreichen Sie den Bahnsteig und sehen eine Person (P), die gerade mit Fäusten auf eine Frau (F) einschlägt. Die F liegt bereits am Boden und blutet am linken Handgelenk.

Gesetzestext (Auszug)

§ 223 StGB (Körperverletzung)

(1) Wer eine andere Person körperlich misshandelt oder an der Gesundheit schädigt, wird mit Freiheitsstrafe bis zu fünf Jahren oder mit Geldstrafe bestraft.

(2) Der Versuch ist strafbar.

3.1 Tatbestand

Zunächst ein Überblick über den Tatbestand:

Einfache Körperverletzung, § 223 I StGB

1. Andere Person
2. Tathandlungen: Körperliche Misshandlung **oder** Gesundheitsschädigung

LERNVIDEO zu den KV-Delikten

https://www.youtube.com/watch?v=kMXv2Y8ACjw&t=3s

3.1.1 Andere Person

Hier genügt eine kurze Feststellung, wer die andere Person ist. Eine ausführliche Subsumtion ist nicht erforderlich. Es geht hier (lediglich) darum, von Selbstverletzungen abzugrenzen.

3.1.2 Tathandlungen – körperliche Misshandlung oder Gesundheitsschädigung

Definition:

Eine **körperliche Misshandlung** ist jede üble, unangemessene Behandlung, die das körperliche Wohlbefinden oder die körperliche Unversehrtheit nicht nur unerheblich beeinträchtigt.

Körperliches **Wohlbefinden** = hier wird der Zustand vor der Tathandlung mit dem nach der Tathandlung verglichen. Ist der Zustand schlechter als vorher, dann kann das körperliche Wohlbefinden beeinträchtigt sein. Dabei ist eine tatsächliche Schmerzzufügung nicht zwingend erforderlich.

Körperliche **Unversehrtheit** = diese ist beeinträchtigt, wenn es zu einer Substanzverletzung, zu einem Substanzverlust, zu einer Herabsetzung der körperlichen Funktionen oder zu einer körperlichen Verunstaltung gekommen ist.

Die **Gesundheitsschädigung** ist das Hervorrufen oder Steigern eines krankhaften Zustandes

Je nach Fallkonstellation **kann** es bei den Tathandlungen zu Überschneidungen kommen:

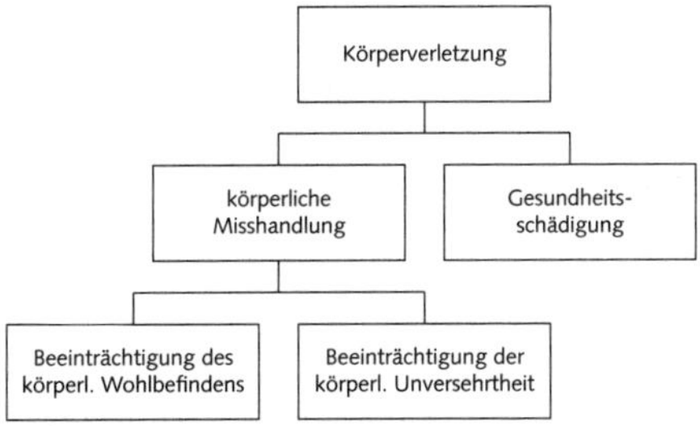

Verursachen die Schläge beim Opfer z. B. blutige Wunden oder Knochenbrüche, verschlechtert sich das körperliche Wohlbefinden (des Opfers). Gleichzeitig ist aber auch die körperliche Unversehrtheit in Form einer Substanzverletzung (blutige Wunde) oder in Form einer Herabsetzung der körperlichen Funktionen beeinträchtigt. Geht man davon aus, dass eine blutige Wunde oder ein Knochenbruch einen längeren Heilungsprozess nach sich zieht, könnte auch eine Gesundheitsschädigung vorliegen.

Fazit: Je nachdem, wie der Fall gelagert ist, können sogar alle Tatalternativen vorliegen. Für die Beurteilung von Sachverhalten bedeutet dies, sich an dieser Stelle für eine der beiden Tathandlungen zu entscheiden.

3.2 Formulierungsvorschlag

Einleitender Obersatz

Indem der P mit seinen Fäusten auf die F eingeschlagen hat und diese am linken Handgelenk eine blutende Wunde davonträgt, könnte er sich einer Körperverletzung gem. § 223 I StGB strafbar gemacht haben.

Tatbestand

1. TBM – andere Person

Die F ist laut Sachverhalt die andere Person.

2. TBM – körperliche Misshandlung oder Gesundheitsschädigung

Es werden hier – aus didaktischen Gründen – alle Tathandlungen subsumiert.

2.1 = körperliche Misshandlung

Eine **körperliche Misshandlung** ist jede üble, unangemessene Behandlung, die das körperliche Wohlbefinden oder die körperliche Unversehrtheit nicht nur unerheblich beeinträchtigt. Laut Sachverhalt schlägt P mit den Fäusten auf F ein. Die F geht zu Boden und blutet am Handgelenk. Es handelt sich hierbei um eine körperliche Substanzschädigung, somit um eine Beeinträchtigung der körperlichen Unversehrtheit. Es ist davon auszugehen, dass die Wunde bei F Schmerzen verursacht. Somit ist auch das körperliche Wohlbefinden erheblich beeinträchtigt.

2.2 = Gesundheitsschädigung

Eine Gesundheitsschädigung ist die Hervorrufung oder Steigerung eines, wenn auch nur vorübergehenden, physischen oder psychischen Krankheitszustandes. Durch das Einschlagen auf die F blutet das linke Handgelenk. Diese Wunde/Verletzung bedarf einer ärztlichen Behandlung und eines gewissen Heilungsprozesses. P hat damit bei F einen körperlichen Krankheitszustand hervorgerufen.

Zwischenergebnis zum Tatbestand

Der Tatbestand der einfachen Körperverletzung gem. § 223 I StGB ist erfüllt.

Rechtswidrigkeit

Die Tatbestandsmäßigkeit indiziert die Rechtswidrigkeit. Rechtfertigungsgründe sind laut Sachverhalt nicht erkennbar. Der P handelte somit auch rechtswidrig.

Schuld

Vorsatz ist das Wissen und Wollen der Tatbestandsverwirklichung. Bedingt vorsätzlich handelt derjenige, der den Taterfolg zumindest billigend in Kauf nimmt. Der P wusste, dass er durch die Schläge die Gesundheit der F schädigen könnte. Die Folge, nämlich die Blutung am linken Handgelenk, als auch den Sturz der F nahm der P zumindest billigend in Kauf. Bedingter Vorsatz liegt somit vor.

Schuldausschließungsgründe sind laut Sachverhalt nicht erkennbar. Der P handelt insgesamt schuldhaft.

Gesamtergebnis

Der P hat sich insgesamt einer einfachen Körperverletzung gem. § 223 I StGB strafbar gemacht.

4. Die gefährliche Körperverletzung

Sachverhalt aus dem bahnpolizeilichen Aufgabenbereich: BPOLI Hamburg – Sie beobachten (während Ihrer Fußstreife) am Reisezentrum der DB AG folgenden Vorgang. Der A schlägt grundlos mit einem Regenschirm auf das Opfer (O) ein. Der O trägt schmerzhafte Wunden davon.

Hinweis:

Die Rechtswidrigkeit und die Schuld sind als gegeben zu betrachten.

Gesetzestext (Auszug)

§ 223 StGB (Körperverletzung)

(1) Wer eine andere Person körperlich misshandelt oder an der Gesundheit schädigt, wird mit Freiheitsstrafe bis zu fünf Jahren oder mit Geldstrafe bestraft.

(2) Der Versuch ist strafbar.

§ 224 StGB (Gefährliche Körperverletzung)

(1) Wer die Körperverletzung

1. durch Beibringung von Gift oder anderen gesundheitsschädlichen Stoffen,
2. mittels einer Waffe oder eines anderen gefährlichen Werkzeugs,
3. mittels eines hinterlistigen Überfalls,
4. mit einem anderen Beteiligten gemeinschaftlich oder
5. mittels einer das Leben gefährdenden Behandlung

begeht, wird mit Freiheitsstrafe von sechs Monaten bis zu zehn Jahren, in minderschweren Fällen mit Freiheitsstrafe von drei Monaten bis zu fünf Jahren bestraft.

(2) Der Versuch ist strafbar.

4.1 Tatbestand

Zunächst ein Überblick über den Tatbestand:

1. Einfache Körperverletzung, § 223 I StGB
   1.1 Andere Person
   1.2 Körperliche Misshandlung oder Gesundheitsschädigung
2. Gefährlichkeit der Tatausführung, § 224 I Nr. 1 bis 5 StGB

4.1.1 Einfache Körperverletzung, § 223 I StGB

1. TBM = andere Person: Hier genügt eine kurze Feststellung, wer die andere Person ist.
2. TBM = körperliche Misshandlung **oder** Gesundheitsschädigung

   Definition:

   Eine **körperliche Misshandlung** ist jede üble, unangemessene Behandlung, die das körperliche Wohlbefinden oder die körperliche Unversehrtheit nicht nur unerheblich beeinträchtigt.

   Körperliches **Wohlbefinden** = hier wird der Zustand vor der Tathandlung mit dem nach der Tathandlung verglichen. Ist der Zustand schlechter als vorher, dann kann das körperliche Wohlbefinden beeinträchtigt sein. Dabei ist eine tatsächliche Schmerzzufügung nicht zwingend erforderlich.

   Körperliche **Unversehrtheit** = diese ist beeinträchtigt, wenn es zu einer Substanzverletzung, zu einem Substanzverlust, zu einer Herabsetzung der körperlichen Funktionen oder zu einer körperlichen Verunstaltung gekommen ist.

   Die Gesundheitsschädigung ist das Hervorrufen oder Steigern eines krankhaften Zustandes.

4.1.2 Gefährlichkeit der Tatausführung

Der Schwerpunkt dieser Darstellung soll auf § 224 I Nr. 2 StGB (gefährliches Werkzeug) liegen.

Definition gefährliches Werkzeug:

Unter einem gefährlichen Werkzeug ist ein Gegenstand zu verstehen, der nach seiner objektiven Beschaffenheit und der Art seiner Verwendung im konkreten Fall geeignet ist, erhebliche Verletzungen herbeizuführen.

Hilfestellung: Beantworten Sie in der Subsumtion folgende Hilfsfragen. Ist der zur Körperverletzung genutzte Gegenstand tatsächlich ein gefährlicher Gegenstand? Was ist der Herstellerzweck? Wozu ist der Gegenstand eigentlich da?

Anschließend arbeiten Sie die Beschaffenheit des Gegenstandes heraus und betrachten die Verwendung durch den Täter. Ziel soll sein, die Gefährlichkeit des Gegenstandes in Bezug auf die konkrete Tathandlung darzustellen.

4.2 Formulierungsvorschlag

Nun zum Sachverhalt mit dem A, der mit einem Regenschirm auf das Opfer O einschlägt.

Einleitender Obersatz

Indem der A mit einem Regenschirm auf das Opfer O einschlägt, könnte er sich einer gefährlichen Körperverletzung gem. §§ 223, 224 I Nr. 2 StGB strafbar gemacht haben.

Tatbestand

1. TBM – einfache Körperverletzung nach § 223 I StGB

Hierzu müsste zunächst eine Körperverletzung i. S. v. § 223 I StGB vorliegen, d. h. der A müsste eine andere Person körperlich misshandelt oder an der Gesundheit geschädigt haben.

Andere Person: Der O ist offensichtlich eine andere Person.

Gesundheitsschädigung **oder** körperliche Misshandlung

Die Gesundheitsschädigung ist das Hervorrufen oder Steigern eines körperlichen oder seelischen Krankheitszustandes. A schlägt mit einem Regenschirm auf O ein. Demnach hat A dem O entsprechende Wunden/Verletzungen zugefügt. Eine ärztliche Behandlung sowie ein gewisser Heilungsprozess sind erforderlich.

Folglich hat A den O an dessen Gesundheit geschädigt.

Zwischenergebnis zum 1. TBM

Somit hat A den Grundtatbestand der Körperverletzung gem. § 223 I StGB erfüllt.

2. TBM – Gefährlichkeit der Tatausführung gem. § 224 I Nr. 1 bis 5 StGB

Für eine gefährliche Körperverletzung gem. § 224 StGB müsste A die Körperverletzung in einer bestimmten Art und Weise begangen haben. Hier kommt die Begehung unter Verwendung eines sog. „anderen gefährlichen Werkzeugs“ in Betracht, § 224 I Nr. 2 StGB.

Nr. 2 Unter einem gefährlichen Werkzeug ist ein Gegenstand zu verstehen, der nach seiner objektiven Beschaffenheit und der Art seiner Verwendung im konkreten Fall geeignet ist, erhebliche Verletzungen herbeizuführen. Der A schlägt mit einem Regenschirm auf den O ein. Objektiv betrachtet handelt es sich hierbei nicht um einen gefährlichen Gegenstand. Der Herstellerzweck in Bezug auf den Regenschirm ist, Regenwasser abzuhalten. Allerdings ist der Regenschirm so beschaffen (länglich; nach vorne spitz zulaufend; durch den stabilen Griff gut in der Hand zu halten), dass hierdurch schwerwiegende Verletzungen beim O hervorgerufen werden können: z. B. im Gesicht oder durch Schlagen auf den Kopf. Demnach hat der A ein gefährliches Werkzeug i. S. d. § 224 I Nr. 2 StGB verwendet.

Rechtswidrigkeit/Schuld

Falls die Aufgabenstellung besagen sollte, dass die Rechtswidrigkeit und die Schuld als gegeben betrachtet werden können, formulieren Sie einen Satz, indem Sie sich auf die Aufgabenstellung beziehen. So haben Sie eine gedankliche Brücke zwischen Tatbestand und Gesamtergebnis:

z. B.: Laut Aufgabenstellung sind die Rechtswidrigkeit und die Schuld als gegeben zu betrachten.

Gesamtergebnis

Somit hat sich die Person insgesamt nach §§ 223, 224 I Nr. 2 StGB strafbar gemacht.

5. Die Widerstandsdelikte

5.1 Der Widerstand gegen Vollstreckungsbeamte

Sachverhalt aus dem bahnpolizeilichen Aufgabenbereich: Nach einer körperlichen Auseinandersetzung in der Bahnhofshalle des Hamburger Hauptbahnhofes nimmt eine Streife der BPOLI Hamburg den Z fest. Da der Z ausweislos ist, will die Streife diesen zum Zwecke der IDF zur Dienststelle verbringen. Der Z klammert sich daraufhin an einer Wartebank fest, sodass die Streife nicht unerhebliche Kraft aufwenden muss, um den Z von der Wartebank loszureißen.

Gesetzestext (Auszug)

§ 113 StGB (Widerstand gegen Vollstreckungsbeamte)

(1) Wer einem Amtsträger oder Soldaten der Bundeswehr, der zur Vollstreckung von Gesetzen, Rechtsverordnungen, Urteilen, Gerichtsbeschlüssen oder Verfügungen berufen ist, bei der Vornahme einer solchen Diensthandlung mit Gewalt oder durch Drohung mit Gewalt Widerstand leistet, wird mit Freiheitsstrafe bis zu drei Jahren oder mit Geldstrafe bestraft.

(2) In besonders schweren Fällen ist die Strafe Freiheitsstrafe von sechs Monaten bis zu fünf Jahren. Ein besonders schwerer Fall liegt in der Regel vor, wenn

1. der Täter oder ein anderer Beteiligter eine Waffe oder ein anderes gefährliches Werkzeug bei sich führt,
2. der Täter durch eine Gewalttätigkeit den Angegriffenen in die Gefahr des Todes oder einer schweren Gesundheitsschädigung bringt oder

> 3. die Tat mit einem anderen Beteiligten gemeinschaftlich begangen wird.
>
> (3) Die Tat ist nicht nach dieser Vorschrift strafbar, wenn die Diensthandlung nicht rechtmäßig ist. Dies gilt auch dann, wenn der Täter irrig annimmt, die Diensthandlung sei rechtmäßig.

5.1.1 Tatbestand

Zunächst der Tatbestand im Überblick:

1. Amtsträger
2. Zur Vollstreckung von Gesetzen berufen
3. Bei der Vornahme einer Diensthandlung
4. Widerstand leisten
5. Mit Gewalt oder durch Drohung mit Gewalt
6. (Tatbestandsannex) Rechtmäßige Dienstausübung gem. § 113 III StGB

5.1.1.1 Amtsträger

Definition:

Laut § 11 I Nr. 2 a StGB ist Amtsträger, wer nach deutschem Recht Beamter, Richter oder eine Person ist, die in einem öffentlich-rechtlichen Amtsverhältnis steht.

Hilfestellung: Da sich die Fallbearbeitung stets auf handelnden PVB der Bundespolizei bezieht, ist die Person des Beamten hier einschlägig. Es genügt nach der erfolgten Definition eine kurze Feststellung am Sachverhalt.

5.1.1.2 Zur Vollstreckung von Gesetzen berufen

Definition:

Der Amtsträger ist berechtigt, Maßnahmen gegen Personen oder Sachen zu treffen, die notfalls mit Zwang durchgesetzt werden können.

Hilfestellung: Bei diesem TBM geht es – wenn es sich um handelnde PVB der BPOL handelt – nur darum, ganz allgemein festzustellen, dass diese präventive und repressive Maßnahmen treffen und notfalls auch Zwang durchsetzen können. Hier ist keine ausführliche Subsumtion gefordert.

5.1.1.3 Bei der Vornahme einer Diensthandlung

Definition:

Die Vollstreckungshandlung besteht in einer polizeirechtlichen oder strafprozessualen Maßnahme, die unmittelbar bevorsteht, schon begonnen hat und noch nicht beendet ist.

Hilfestellung: Bei diesem TBM müssen Sie die Frage beantworten, welche Vollstreckungshandlung (d. h. welche Befugnis aus dem BPolG oder der StPO) laut Sachverhalt getroffen wird. Das ist jene Maßnahme, gegen die sich das polizeiliche Gegenüber wehrt. Diese Rechtsgrundlage müssen Sie ebenfalls exakt benennen.

Wenn Sie dies getan haben, gehen Sie als nächstes darauf ein, dass die Maßnahme unmittelbar bevorstehen muss oder noch nicht abgeschlossen ist. Eine kurze Feststellung am Sachverhalt genügt.

5.1.1.4 Widerstand leisten

Definition:

Widerstand ist jedes aktive Verhalten gegenüber dem Vollstreckungsbeamten, dass bezweckt, die Vollstreckungsmaßnahme zu verhindern oder zu erschweren.

Hilfestellung: Beantworten Sie bei diesem TBM die Frage, welches aktive Tun des polizeilichen Gegenübers genau vorliegt. Bedenken Sie, dass passives Verhalten (z. B. auf den Boden legen) nicht darunterfällt. Gehen Sie im Anschluss noch darauf ein, dass es dem polizeilichen Gegenüber darum geht, die Maßnahme zu verhindern oder zu erschweren.

5.1.1.5 Mit Gewalt oder durch Drohung mit Gewalt

Definition Gewalt:

Gewalt ist jede mittelbare oder unmittelbare Einwirkung auf den Beamten mit dem Ziel Widerstand zu leisten.

Hilfestellung: Beantworten Sie die Frage, welches Einwirken des polizeilichen Gegenübers auf den PVB genau vorliegt. Handelt es sich beispielsweise um ein Losreißen aus dem Polizeigriff (= unmittelbare Einwirkung auf den PVB) oder *nur* um ein Festhalten an Gegenständen, um den Transport zur Dienststelle zu erschweren (= mittelbare Einwirkung auf den PVB).

Definition „durch Drohung mit Gewalt":

Drohung mit Gewalt ist die Ankündigung der Anwendung von Gewalt.

Hilfestellung: Drohung mit Gewalt äußert sich meist durch verbale Äußerungen des polizeilichen Gegenübers. Denkbar wären jedoch auch gewisse Gesten.

5.1.1.6 Rechtmäßigkeit der Diensthandlung, § 113 III StGB

Gemäß § 113 III StGB ist die Tat nach dieser Vorschrift nicht strafbar, wenn die Diensthandlung nicht rechtmäßig ist [...]

Es handelt sich hierbei nicht um ein echtes TBM, sondern um den sog. Tatbestandsannex. Dieser ist objektive Bedingung der Strafbarkeit, d. h. der Vorsatz des Täters muss sich auf dieses Merkmal nicht beziehen.

Definition:

Die Rechtmäßigkeit der Diensthandlung besteht aus folgenden Punkten:

- Sachliche und örtliche Zuständigkeit
- Befugnis zur Vollstreckungshandlung
- Verhältnismäßigkeit
- Beachtung wesentlicher Formvorschriften
- Pflichtgemäße Ermessensausübung

Hilfestellung: Ist der Tatbestandsannex gefordert, sprechen Sie zunächst die Vorschrift des § 113 III StGB sowie die o. g. fünf Punkte an, und zwar in einer feststellenden Art und Weise (unbedingt in ganzen Sätzen formulieren), d. h.

→ Sachliche und örtliche Zuständigkeit: Benennen Sie hier die §§-Ketten der sachlichen und örtlichen Zuständigkeit.

→ Befugnis zur Vollstreckungshandlung: Benennen Sie hier die Maßnahme (aus dem BPolG oder der StPO) einschließlich der exakten Rechtsgrundlage.

→ Verhältnismäßigkeit: Gehen Sie kurz auf die Punkte der Geeignetheit und Erforderlichkeit ein. Bei der Angemessenheit machen Sie eine kurze Güterabwägung unter Benennung der einschlägigen Artikel aus dem Grundgesetz.

→ Beachtung wesentlicher Formvorschriften: Hier gehen Sie darauf ein, ob es laut Sachverhalt erkennbar ist, dass wesentliche Formvorschriften nicht beachtet wurden.

→ Pflichtgemäße Ermessensausübung: Auch bei diesem Punkt nur prüfen, ob Ermessensfehler vorliegen oder nicht. Ein Ermessensfehler würde z. B. vorliegen, wenn sich die PVB von sachfremden Erwägungen hätten leiten lassen.

5.1.2 Formulierungsvorschlag

Nun zum Sachverhalt mit dem Z, der sich an eine Wartebank klammert.

Einleitender Obersatz

Durch das Klammern an die Wartebank im Rahmen der Mitnahme zur Dienststelle, könnte sich der Z eines Widerstands gegen Vollstreckungsbeamte gem. § 113 I StGB strafbar gemacht haben.

Tatbestand

1. TBM – Amtsträger

Laut § 11 I Nr. 2 a StGB ist Amtsträger, wer nach deutschem Recht Beamter, Richter oder eine Person ist, die in einem öffentlich-rechtlichen Amtsverhältnis steht. Laut Sachverhalt handelt hier eine Streife der BPOLI Hamburg, somit zwei Amtsträger.

2. TBM – Zur Vollstreckung von Gesetzen berufen

Der Amtsträger ist berechtigt Maßnahmen gegen Personen oder Sachen zu treffen, die notfalls mit Zwang durchgesetzt werden können.

Die PVB der Bundespolizei sind berechtigt, präventive und repressive Maßnahmen notfalls auch mit Zwang durchzusetzen. Somit sind diese zur Vollstreckung von Gesetzen berufen.

3. TBM – Bei der Vornahme einer Diensthandlung

Die Vollstreckungshandlung besteht in einer polizeirechtlichen oder strafprozessualen Maßnahme, die unmittelbar bevorsteht, schon begonnen hat und noch nicht beendet ist.

Laut Sachverhalt soll der Z mit zur Dienststelle genommen werden, da er ausweislos ist und die IDF aufgrund der vorangegangenen körperlichen Auseinandersetzung festgestellt werden soll (§ 163 b I S. 2 StPO). Die IDF bzw. die Mitnahme zur Dienststelle hat begonnen, ist aber noch nicht beendet.

Somit handelt es sich um die Vornahme einer Diensthandlung.

4. TBM – Widerstand leisten

Widerstand ist jedes aktive Verhalten gegenüber dem Vollstreckungsbeamten, das bezweckt, die Vollstreckungsmaßnahme zu verhindern oder zu erschweren.

Laut Sachverhalt klammert sich der Z (aktiv!) an die Wartebank, um die Mitnahme zur Dienststelle (IDF) zu verhindern. Die Beamten müssen daraufhin nicht unerhebliche Kraft aufwenden, um den Z von der Wartebank loszureißen. Somit leistet Z Widerstand.

5. TBM – Mit Gewalt oder Drohung mit Gewalt

Gewalt ist jede mittelbare oder unmittelbare Einwirkung auf den Beamten mit dem Ziel Widerstand zu leisten.

Laut Sachverhalt klammert sich der Z an die Wartebank, um die Mitnahme zur Dienststelle (IDF) zu verhindern. Die Beamten müssen den Z daraufhin mit nicht unerheblicher Kraft von der Wartebank losreißen. Es handelt sich demnach zumindest um eine mittelbare Einwirkung auf die Beamten. Je nach Lageentwicklung müssen die PVB auch die Hände des Z von der Bank lösen. Dann kann die Gewalt auch unmittelbar gegen die PVB wirken.

Somit leistet Z Widerstand mit Gewalt.

6. TBM[33] – Rechtmäßigkeit der Diensthandlung, § 113 III StGB

Gemäß § 113 StGB ist die Tat nach dieser Vorschrift nicht strafbar, wenn die Diensthandlung nicht rechtmäßig ist.

→ **Sachliche und örtliche Zuständigkeit:** Die sachliche Zuständigkeit ergibt sich hier aus §§ 1 II, 12 I Nr. 5 BPolG, 4 EBO, 163 I StPO, 12 II S. 1 BPolG (Körperverletzungsgdelikt im bahnpolizeilichen Aufgabenbereich zum Nachteil von Benutzern der Bahn). Die örtliche Zuständigkeit ergibt sich aus § 58 I BPolG i. V. m. § 2 I Nr. 2 BPolZV.

→ **Befugnis zur Vollstreckungshandlung:** Die Befugnis für die Mitnahme zur Dienststelle ergibt sich aus § 163 b I S. 2 StPO. Der Z

33 Kein echtes TBM, sondern nur Tatbestandsannex (objektive Bedingung der Strafbarkeit), d. h., wird in der Aufgabenstellung nur die Prüfung des Tatbestandes erwartet, so ist der Tatbestandsannex nicht zu prüfen!

ist Verdächtiger eines Körperverletzungsdeliktes und er ist ausweislos (IDF nicht oder nur unter erheblichen Schwierigkeiten feststellbar).

- → **Verhältnismäßigkeit:** Die Mitnahme zur Dienststelle ist geeignet, um das Strafverfahren gegen Z sicherzustellen und auch erforderlich, da es keine mildere Maßnahme gibt. Auf der einen Seite wird sein Recht auf Freiheit der Person (Art. 2 II S. 2 GG) sowie auf informationelle Selbstbestimmung (Art. 2 I i. V. m. 1 I GG) eingeschränkt. Auf der anderen Seite soll hier der Strafverfolgungsanspruch des Staates sowie die körperliche Unversehrtheit des Geschädigten geschützt werden. Die Maßnahme ist angemessen und auch verhältnismäßig.
- → **Beachtung wesentlicher Formvorschriften:** Es gibt keine Hinweise im Sachverhalt, dass hier wesentliche Formvorschriften nicht beachtet wurden. Wesentlich wäre hier, dem Z den Grund der Maßnahme bekannt zu geben und ihn als Beschuldigten zu belehren.
- → **Pflichtgemäße Ermessensausübung:** Ermessensfehler sind laut Sachverhalt nicht erkennbar.

Die Rechtmäßigkeit der Diensthandlung liegt vor.

Zwischenergebnis

Somit handelte der Z tatbestandsmäßig.

Rechtswidrigkeit

Die Tatbestandsmäßigkeit indiziert die Rechtswidrigkeit. Rechtfertigungsgründe sind nicht erkennbar. Somit handelte er auch rechtswidrig.

Schuld

Abschließend müsste der Z auch schuldhaft gehandelt haben, d. h. mit Wissen und Wollen bzgl. der Tatbestandsmerkmale und des Taterfolges bzw. müsste er den Erfolg zumindest billigend in Kauf genommen haben. Der Z wusste, dass es sich bei der Streife um Beamte der BPOL handelt und dass diese die Mitnahme zur Dienststelle gegen ihn (auch zwangsweise) durchsetzen können. Wie die

Tathandlung (Festklammern an der Wartebank) zeigt, wollte der Z die Maßnahmen erschweren bzw. verhindern. Er wusste, dass das Festklammern an der Bank die Erschwerung bewirkt.

Somit handelte er zumindest mit bedingtem Vorsatz.

Schuldausschließungsgründe sind nicht ersichtlich; somit handelte er auch schuldhaft.

Gesamtergebnis

Der Z hat sich eines Widerstandes gegen Vollstreckungsbeamte gem. § 113 I StGB strafbar gemacht.

5.2 Der tätliche Angriff

Sachverhalt aus dem bahnpolizeilichen Aufgabenbereich: Nach einer körperlichen Auseinandersetzung in der Bahnhofshalle des Hamburger Hauptbahnhofes nimmt eine Streife der BPOLI Hamburg den Z fest. Da der Z ausweislos ist, will die Streife diesen zum Zwecke der IDF zur Dienststelle verbringen. Der Z schlägt daraufhin plötzlich mit der Faust auf die Köpfe der PVB ein.

Hinweis:

Auf Körperverletzungsdelikte ist nicht einzugehen.

Gesetzestext (Auszug)

§ 114 StGB (Tätlicher Angriff auf Vollstreckungsbeamte)

(1) Wer einen Amtsträger oder Soldaten der Bundeswehr, der zur Vollstreckung von Gesetzen, Rechtsverordnungen, Urteilen, Gerichtsbeschlüssen oder Verfügungen berufen ist, bei einer Diensthandlung tätlich angreift, wird mit Freiheitsstrafe von drei Monaten bis zu fünf Jahren bestraft.

(2) § 113 Absatz 2 gilt entsprechend.

(3) § 113 Absatz 3 und 4 gilt entsprechend, wenn die Diensthandlung eine Vollstreckungshandlung im Sinne des § 113 Absatz 1 ist.

5.2.1 Tatbestand

Zunächst der Tatbestand im Überblick:

1. Amtsträger
2. Zur Vollstreckung von Gesetzen berufen
3. Bei einer Diensthandlung
4. Tätlicher Angriff
5. (Tatbestandsannex) Rechtmäßige Dienstausübung gem. §§ 114 III i. V. m. 113 III StGB

5.2.1.1 Amtsträger

Definition:

Laut § 11 I Nr. 2 a StGB ist Amtsträger, wer nach deutschem Recht Beamter, Richter oder eine Person ist, die in einem öffentlich-rechtlichen Amtsverhältnis steht.

Hilfestellung: Da sich die Fallbearbeitung stets auf handelnden PVB der Bundespolizei bezieht, ist die Person des Beamten hier einschlägig. Es genügt nach der erfolgten Definition eine kurze Feststellung am Sachverhalt.

5.2.1.2 Zur Vollstreckung von Gesetzen berufen

Definition:

Der Amtsträger ist berechtigt, Maßnahmen gegen Personen oder Sachen zu treffen, die notfalls mit Zwang durchgesetzt werden können.

Hilfestellung: Bei diesem TBM geht es – wenn es sich um handelnde PVB der BPOL handelt – nur darum, ganz allgemein festzustellen, dass diese präventive und repressive Maßnahmen treffen und notfalls auch Zwang durchsetzen können. Hier ist keine ausführliche Subsumtion gefordert.

5.2.1.3 Bei einer Diensthandlung

Definition:

Eine Diensthandlung ist jedes hoheitliche und schlicht-hoheitliche Tätigwerden des Amtsträgers.

Hilfestellung: Sofern es sich um hoheitliches Tätigwerden handelt, müssen Sie die Frage beantworten, welche Vollstreckungshandlung (d. h. welche Befugnis aus dem BPolG oder der StPO) laut Sachverhalt getroffen wird. Das ist jene Maßnahme, gegen die sich das polizeiliche Gegenüber wehrt. Diese Rechtsgrundlage müssen Sie ebenfalls exakt benennen.

Es kann sich jedoch auch um schlicht-hoheitliches Tätigwerden handeln. Darunter fallen u. a. die Streifentätigkeit, Versorgungs- oder Beschaffungsfahrten.

5.2.1.4 Tätlicher Angriff

- **Definition:** Ein tätlicher Angriff ist jede feindselige Aktion, die sich unmittelbar gegen den Körper des Amtsträgers richtet, ohne Rücksicht auf den Erfolg.

Hilfestellung: Beantworten Sie bei diesem TBM die Frage, welche feindselige Aktion des polizeilichen Gegenübers hier genau vorliegt (z. B. gezielte Schläge gegen den PVB). Dieses aktive Verhalten muss sich unmittelbar gegen den Körper des PVB richten.

5.2.1.5 Rechtmäßigkeit der Diensthandlung, §§ 114 III i. V. m. 113 III StGB

- Gemäß § 113 III StGB ist die Tat nach dieser Vorschrift nicht strafbar, wenn die Diensthandlung nicht rechtmäßig ist [...] § 114 III StGB verweist auf diese Vorschrift.
- Es handelt sich hierbei nicht um ein echtes TBM, sondern um den sog. Tatbestandsannex. Dieser ist objektive Bedingung der Strafbarkeit, d. h. der Vorsatz des Täters muss sich auf dieses Merkmal nicht beziehen.

Definition:

Die Rechtmäßigkeit der Diensthandlung besteht aus folgenden Punkten:

- Sachliche und örtliche Zuständigkeit
- Befugnis zur Vollstreckungshandlung
- Verhältnismäßigkeit
- Beachtung wesentlicher Formvorschriften
- Pflichtgemäße Ermessensausübung

Hilfestellung: Ist der Tatbestandsannex gefordert, sprechen Sie zunächst die Vorschriften des §§ 114 III, 113 III StGB sowie die o. g. fünf Punkte an, und zwar in einer feststellenden Art und Weise (unbedingt in ganzen Sätzen formulieren), d. h.

→ Sachliche und örtliche Zuständigkeit: Benennen Sie hier die §§-Ketten der sachlichen und örtlichen Zuständigkeit.

→ Befugnis zur Vollstreckungshandlung: Benennen Sie hier die Maßnahme (aus dem BPolG oder der StPO) einschließlich der exakten Rechtsgrundlage.

→ Verhältnismäßigkeit: Gehen Sie kurz auf die Punkte der Geeignetheit und Erforderlichkeit ein. Bei der Angemessenheit machen Sie eine kurze Güterabwägung unter Benennung der einschlägigen Artikel aus dem Grundgesetz.

→ Beachtung wesentlicher Formvorschriften: Hier gehen Sie darauf ein, ob es laut Sachverhalt erkennbar ist, dass wesentliche Formvorschriften nicht beachtet wurden.

→ Pflichtgemäße Ermessensausübung: Auch bei diesem Punkt nur prüfen, ob Ermessensfehler vorliegen oder nicht. Ein Ermessensfehler würde z. B. vorliegen, wenn sich die PVB von sachfremden Erwägungen hätten leiten lassen.

5.2.2 Formulierungsvorschlag

Nun zum Sachverhalt mit dem Z, der plötzlich auf die Köpfe der PVB einschlägt.

Einleitender Obersatz

Durch das plötzliche Einschlagen auf die Köpfe der PVB, könnte sich der Z eines tätlichen Angriffes gem. § 114 I StGB strafbar gemacht haben.

Tatbestand

1. TBM – Amtsträger

Laut § 11 I Nr. 2 a StGB ist Amtsträger, wer nach deutschem Recht Beamter, Richter oder eine Person ist, die in einem öffentlich-rechtlichen Amtsverhältnis steht. Laut Sachverhalt handelt hier eine Streife der BPOLI Hamburg, somit zwei Amtsträger.

2. TBM – Zur Vollstreckung von Gesetzen berufen

Der Amtsträger ist berechtigt, Maßnahmen gegen Personen oder Sachen zu treffen, die notfalls mit Zwang durchgesetzt werden können.

Die PVB der Bundespolizei sind berechtigt, präventive und repressive Maßnahmen notfalls auch mit Zwang durchzusetzen. Somit sind diese zur Vollstreckung von Gesetzen berufen.

3. TBM – Bei einer Diensthandlung

Eine Diensthandlung ist jedes hoheitliche und schlichthoheitliche Tätigwerden des Amtsträgers.

Laut Sachverhalt soll der Z mit zur Dienststelle genommen werden, da er ausweislos ist und die IDF aufgrund der vorangegangenen körperlichen Auseinandersetzung festgestellt werden soll (§ 163 b I S. 2 StPO). Die IDF bzw. die Mitnahme zur Dienststelle hat begonnen, ist aber noch nicht beendet. Es handelt sich daher um hoheitliches Tätigwerden.

Somit ist dieses TBM erfüllt.

4. TBM – Tätlicher Angriff

Ein tätlicher Angriff ist jede feindselige Aktion, die sich unmittelbar gegen den Körper des Amtsträgers richtet, ohne Rücksicht auf den Erfolg.

Laut Sachverhalt schlägt der Z plötzlich auf die Köpfe der PVB ein. Es ist ihm offensichtlich egal, ob diese dabei Verletzungen davontragen. Das Schlagen gegen die Köpfe zeigt, dass die innere Motivation des Z von Aggressivität und Böswilligkeit geprägt ist, somit feindselig.

Es handelt sich um einen tätlichen Angriff.

5. TBM[34] – Rechtmäßigkeit der Diensthandlung, §§ 114 III, 113 III StGB

Gemäß § 113 StGB ist die Tat nach dieser Vorschrift nicht strafbar, wenn die Diensthandlung nicht rechtmäßig ist. Der § 114 III StGB verweist auf diese Vorschrift.

→ **Sachliche und örtliche Zuständigkeit:** Die sachliche Zuständigkeit ergibt sich hier aus §§ 1 II, 12 I Nr. 5 BPolG, 4 EBO, 163 I StPO, 12 II S. 1 BPolG (Körperverletzungsdelikt im bahnpolizeilichen Aufgabenbereich zum Nachteil von Benutzern der Bahn). Die örtliche Zuständigkeit ergibt sich aus § 58 I BPolG i. V. m. § 2 I Nr. 2 BPolZV.

→ **Befugnis zur Vollstreckungshandlung:** Die Befugnis für die Mitnahme zur Dienststelle ergibt sich aus § 163 b I S. 2 StPO. Der Z ist Verdächtiger eines Körperverletzungsdeliktes und er ist ausweislos (IDF nicht oder nur unter erheblichen Schwierigkeiten feststellbar).

→ **Verhältnismäßigkeit:** Die Mitnahme zur Dienststelle ist geeignet, um das Strafverfahren gegen Z sicherzustellen und auch erforderlich, da es keine mildere Maßnahme gibt. Auf der einen Seite wird sein Recht auf Freiheit der Person (Art. 2 II S. 2 GG) sowie auf informationelle Selbstbestimmung (Art. 2 I i. V. m. 1 I GG) eingeschränkt. Auf der anderen Seite soll hier der Strafverfolgungsanspruch des Staates sowie die körperliche Unver-

34 Kein echtes TBM, sondern nur Tatbestandsannex (objektive Bedingung der Strafbarkeit).

sehrtheit des Geschädigten geschützt werden. Die Maßnahme ist angemessen und auch verhältnismäßig.

→ **Beachtung wesentlicher Formvorschriften:** Es gibt keine Hinweise im Sachverhalt, dass hier wesentliche Formvorschriften nicht beachtet wurden. Wesentlich wäre hier, dem Z den Grund der Maßnahme bekannt zu geben und ihn als Beschuldigten zu belehren.

→ **Pflichtgemäße Ermessensausübung:** Ermessensfehler sind laut Sachverhalt nicht erkennbar.

Die Rechtmäßigkeit der Diensthandlung liegt vor.

Zwischenergebnis

Somit handelte der Z tatbestandsmäßig.

Rechtswidrigkeit

Die Tatbestandsmäßigkeit indiziert die Rechtswidrigkeit. Rechtfertigungsgründe sind nicht erkennbar. Somit handelte er auch rechtswidrig.

Schuld

Abschließend müsste der Z auch schuldhaft gehandelt haben, d. h. mit Wissen und Wollen bzgl. der Tatbestandsmerkmale und des Taterfolges bzw. müsste er den Erfolg zumindest billigend in Kauf genommen haben. Der Z wusste, dass es sich bei der Streife um Beamte der BPOL handelt und dass diese die Mitnahme zur Dienststelle gegen ihn (auch zwangsweise) durchsetzen können. Wie die Tathandlung (gezieltes Schlagen auf die Köpfe der PVB) zeigt, wollte der Z die Beamten auch angreifen. Der Erfolg (ggf. Verletzungen im Kopfbereich) war ihm egal. Er wusste, dass sich das Einschlagen auf die PVB gegen die Amtsträger richtet.

Somit handelte er zumindest mit bedingtem Vorsatz.

Schuldausschließungsgründe sind nicht ersichtlich; damit handelte er auch schuldhaft.

Gesamtergebnis

Der Z hat sich eines tätlichen Angriffs gem. § 114 I StGB strafbar gemacht.

6. Der Hausfriedensbruch

Sachverhalt aus dem bahnpolizeilichen Aufgabenbereich: Aufgrund eines technischen Defektes muss ein Zug der DB AG auf freier Strecke anhalten. Die Reisenden müssen in bereitgestellte Busse umsteigen. Der Reisende (R) weigert sich gegenüber dem Zugbegleiter (ZUB), den Zug zu verlassen. Mehrmaligen Aufforderungen kommt der R nicht nach. Sie erreichen den Ereignisort und überlegen, ob sich der R durch sein Verhalten strafbar gemacht haben könnte.

LERNVIDEO zum Hausfriedensbruch

https://www.youtube.com/watch?v=IXpp7MtThUw&t=8s

Gesetzestext (Auszug)

§ 123 Hausfriedensbruch

(1) Wer in die Wohnung, in die Geschäftsräume oder in das befriedete Besitztum eines anderen oder in abgeschlossene Räume, welche zum öffentlichen Dienst oder Verkehr bestimmt sind, widerrechtlich eindringt, oder wer, wenn er ohne Befugnis darin verweilt, auf die Aufforderung des Berechtigten sich nicht entfernt, wird mit Freiheitsstrafe bis zu einem Jahr oder mit Geldstrafe bestraft.

(2) Die Tat wird nur auf Antrag verfolgt.[35]

35 Absolutes Antragsdelikt.

6.1 Tatbestand

Zunächst der Tatbestand im Überblick:

1. Verschiedene Tatobjekte (u. a. abgeschlossene Räume, welche zum öffentlichen Verkehr bestimmt sind)
2. Eindringen **oder** Verweilen trotz Aufforderung des Berechtigten, sich zu entfernen

6.1.1 Verschiedene Tatobjekte

Für den bundespolizeilichen Aufgabenbereich sind vor allem die abgeschlossenen Räume, die zum öffentlichen Verkehr bestimmt sind, relevant. Von daher wird auf die Darstellung der anderen Tatobjekte (Räumlichkeiten) aus Gründen der Übersichtlichkeit verzichtet.

Definition abgeschlossene Räume des öffentlichen Verkehrs:

Abgeschlossen ist ein Raum, wenn er in einer dem befriedeten Besitztum entsprechenden Weise geschützt ist. Das setzt nicht voraus, dass der Raum verschlossen ist. Abgeschlossene Räume des **öffentlichen Verkehrs** sind die der Allgemeinheit zugänglichen Räume für den öffentlichen Personen- und Güterverkehr.

Hilfestellung: Beantworten Sie zunächst die Frage, inwieweit der Raum nach außen hin durch entsprechende bauliche Vorkehrungen begrenzt und damit abgeschlossen ist. Ein Zugabteil ist z. B. durch die äußere Hülle abgegrenzt. Auch die Bahnhofshalle ist durch Wände, Mauern und Türen nach außen hin abgegrenzt.

Anschließend gehen Sie darauf ein, warum diese Räumlichkeit zum öffentlichen Verkehr bestimmt ist. Denkbar wäre der öffentliche Personentransport.

6.1.2 Tathandlung (Eindringen oder Verweilen trotz Aufforderung des Berechtigten, sich zu entfernen)

Definition:

Eindringen ist das Betreten des geschützten Raumes gegen den Willen des Berechtigten ganz oder mit einem Teil des Körpers.

Definition:

Beim **Verweilen trotz Aufforderung des Berechtigten, sich zu entfernen,** muss der Täter die Räumlichkeit zuerst befugt (mit dem Willen des Berechtigten) betreten haben und diese dann trotz Aufforderung nicht verlassen haben.

Hilfestellung: Bei dieser Tathandlung sollte in der Subsumtion zunächst dargestellt werden, dass der Täter zuerst befugt in die Räumlichkeit gelangt ist. Anschließend ist darauf einzugehen, dass der Täter durch äußere Einflüsse (z. B. höhere Gewalt) oder durch eigenes Fehlverhalten vom Berechtigten (Hausrechtsinhaber oder jede andere von ihm beauftragte Person) aufgefordert wird, die Räumlichkeit zu verlassen. Dieser Aufforderung kommt er jedoch nicht nach.

6.2 Formulierungsvorschlag

Nun zum Sachverhalt mit dem Reisenden (R), der trotz mehrmaliger Aufforderung durch den Zugbegleiter den Zug nicht verlassen will.

Einleitender Obersatz

Durch die Weigerung – nach mehrmaliger Aufforderung durch den ZUB – den ICE zu verlassen, könnte sich der R eines Hausfriedensbruchs gem. § 123 I 2. Alt. StGB strafbar gemacht haben.

Tatbestand

1. **TBM – Abgeschlossene Räume, die zum öffentlichen Verkehr bestimmt sind**

Abgeschlossen ist ein Raum, wenn er in einer dem befriedeten Besitztum entsprechenden Weise geschützt ist. Das setzt nicht voraus, dass der Raum verschlossen ist. Abgeschlossene Räume des **öffentlichen Verkehrs** sind die der Allgemeinheit zugänglichen Räume für den öffentlichen Personen- und Güterverkehr.

Der Zug der DB AG ist als Beförderungsmittel ein nach außen hin durch die äußere Hülle und die Türen begrenzter, körperlicher Gegenstand, somit ein in sich abgeschlossener Raum. Er dient der Beförderung von Bahnreisenden im Rahmen des allgemeinen Eisenbahnverkehrs.

Der Zug ist somit ein abgeschlossener Raum, welcher zum öffentlichen Verkehr bestimmt ist.

2. **TBM – Verweilen trotz Aufforderung des Berechtigten, sich zu entfernen**

Der Täter muss die Räumlichkeit zuerst befugt (mit dem Willen des Berechtigten) betreten haben; er verlässt diese dann trotz Aufforderung nicht.

Der Mann befand sich regulär (wie alle anderen Reisenden) im Zug, als es lt. SV zu einem technischen Defekt kommt. Der ZUB als Vertreter der DB AG (= Berechtigter) machte im Rahmen dessen vom Hausrecht Gebrauch, indem er den R mehrfach zum Aussteigen aufforderte. Dem kam der R nicht nach.

Somit verweilte der R trotz Aufforderung der Berechtigten, sich zu entfernen.

Zwischenergebnis

Somit handelte der R tatbestandsmäßig i. S. v. § 123 I 2. Alt. StGB.

Rechtswidrigkeit

Widerrechtlich oder unbefugt ist die Tat, wenn der Täter kein stärkeres Recht als das Hausrecht hat.

Ein stärkeres Recht als das Hausrecht *(z. B. Eingriffsmaßnahmen der Polizei oder die allgemeine Beförderungspflicht gem. § 10 Allgemeines Eisenbahngesetz)* ist im vorliegenden SV nicht erkennbar, insbesondere deshalb nicht, da es sich um eine betriebsbedingte Störung (Schwelbrand) handelt und der ICE ausgesetzt werden muss, um weitere Gefahren für den Bahnbetrieb und die Bahnreisenden zu verhindern. Die Tat des Mannes ist somit auch widerrechtlich.

Rechtfertigungsgründe sind nicht erkennbar.

Somit handelte er auch rechtswidrig.

Zu beachten ist, dass das Merkmal – *widerrechtlich/unbefugt* – beim Hausfriedensbruch bei der Rechtswidrigkeit unbedingt zu prüfen ist. Ein stärkeres Recht als das Hausrecht wären z. B. (wie oben bereits erwähnt) die Eingriffsbefugnisse der Polizei. Insbesondere bei Räumungs- und Absperrmaßnahmen oder auch bei Wohnungsdurchsuchungen stehen diese regelmäßig über dem Hausrecht.

Schuld

Abschließend müsste der R auch schuldhaft gehandelt haben, d. h. mit Wissen und Wollen bzgl. der Tatbestandsmerkmale und des Taterfolges bzw. müsste er den Erfolg zumindest billigend in Kauf genommen haben. Der R wusste, dass es sich beim Zug um eine abgeschlossene Räumlichkeit handelte, die dem öffentlichen Verkehr dient. Ihm muss bewusst gewesen sein, dass er trotz Aufforderung des Zugbegleiters, sich zu entfernen, im Zug verweilt. Wie sein Verhalten nach mehrmaliger Aufforderung zeigt, wollte er den Zug nicht verlassen. Somit handelte er zumindest mit bedingtem Vorsatz.

Schuldausschließungsgründe sind nicht ersichtlich; somit handelte er auch schuldhaft.

Gesamtergebnis

Der R hat sich eines Hausfriedensbruches gem. § 123 I 2. Alt. StGB strafbar gemacht.